왜 한국은 사라지는가?

결혼 적령기 세대 50만의 통계적 증언록

유튜브 쇼츠영상 1:
'일본 여자가 한국 결혼 시장에서 핫한 이유'

도입:

 필자는 식사할 때는 언제나 유튜브를 본다. 정보 때문이다. '보여 주고' 싶은 것이 아니라 '보이는 것'을 '날것' 그대로 반영하기 때문에 좋아한다. 더 객관적인, 자료는 바로 댓글과 대댓글, '좋아요'다.
 쇼츠 영상에 달아놓은 댓글과 호응은 아무런 조작이 관여되지 않은 단지 독자의 관심사이고 실제적인 사례다. 정치적인 내용은 댓글 부대가 작용한다고 하니 믿을 수 없지만 쇼츠는 다르다.

 본 자료는 정치적 성향이 배제된 아마도 전무후무한 자료가 될 것이라고 본다. 쇼츠 영상을 보고 아무나 자발적으로 올린 글이니 그렇다. 자료는 전체

12,000개의 3% 정도만 사용했다. 의견을 밝힌 3%가 저작권을 갖는다는 의미다. 필자는 개입한 것이 아니다. 자료에 대해서 논평, 비평, 서평을 한 것이다.

  이 영상에 관심을 가진 사람들은 한국서 낳고 자라고 초, 중, 고, 대의 학창 시절을 함께 보내고, 직장에서 동아리나 봉사와 종교활동 등을 통해서 늘 만나는 동창이며 선 후배인 남녀들이 참여한 이야기이다. 매우 객관적이고 실제적이며 사실적이다. 자신의 이야기이기 때문이다. 그들의 판단은 강요된 것이 아니며 이념이나 선동이 아니다. 하루아침에 형성된 것도 아니다. 오래 전이거나 아득한 미래의 추상적인 이야기도 아니다. 정치인들이 하는 말과는 전혀 상관이 없는 현실의 이야기이고 사실이라는 뜻이다. 이런 자료만 학문적 통계적 가치가 있다. 필자는 이것을 놓칠 수가 없다. 그래서 이것을 알린다.
  그러니 이 글을 읽고 살펴라. 견해와 주장, 교육, 이념, 정치 성향과 자신의 견해는 놔두고 잃어라. 수십만 명의 생각이라면 어떤 누구의 견해를 넣어도 그

흐름에 녹아들고 만다. 견해를 버려라. 그냥 읽어라. 그러면 객관성이 생긴다.

 필자는 20년 이상 이에 해당하는 자료를 찾아왔고 여러 자료를 가지고 있으며 분석해 왔다. 여러 아티클을 써 놓았다. 그러던 중 매우 핫한 주제로 쇼츠 영상 몇 개가 관심을 끌었다. 아직은 이보다 객관성이 담보된 자료는 없었다. 이것도 자료로 사용하기로 했다. 일치했기 때문이다. 안타깝지만, 그것이 입증되니 정신이 아득했다. 우려가 현실이 되었다는 말은 이럴 때 쓰는 말이다. '이러다가 큰일 나겠다'라는 생각이 들기까지 했다.
 정치권은 어느 나라나 겪는 사회현상이라고만 했다. 그러나 그것은 일부만 맞는 말이다. 다른 선진국은 다 극복되었다.
 우리는 왜 안되는지 그 객관적인 자료가 여기에 있다. 이것이 그동안 왜 숨겨져 왔는지를 알고 있는 필자로서는 이것을 간과할 수가 없었다. 이것을 알릴 필요가 있다는 단단한 마음이 생겼다. 알 권리를 특정

세력이 계속 막고 거짓을 말해왔다는 증거가 되기 때문이다. 거짓은 안 된다. 사실을 근거로 판단도 하고 해석도 해야 한다. 거짓이 이끌고 가도록 놔둘 수는 없는 일이다. 미래를 안개 속으로 밀어 넣을 수는 없는 일이 아닌가!

   자료는 2025년 10월 21일 것에 한정하기로 했다. 쇼츠는 당일로 2개월 정도 된 것이었다. 객관성을 위해 처음 댓글부터 '좋아요'를 닉네임과 함께 복사해서 올리는 방법을 택하기로 했다. 누구나 확인 가능하도록 하려는 것이었다. 닉은 숫자나 기호와 같은 것이 아니라면 일부 수정하기로 했다. 가명이라도 특정할 수 있다면 저작권에 저촉을 받기에 조치한 것이다. 공공의 이익을 위한 것이기에 법적으로 충족하는 조건을 갖췄다는 법률의 판단을 받았다. 자료도 12000개의 자료 중 3%인 700-800개 남짓만 사용하기로 했다. 이것 또한 저작권 때문이다. 그러나 내용은 한 글자도 고치지 않았다. 완벽하게 객관성을 담보하기 위한 것이다.

자금과 모음이 틀린 몇 글자만 고쳤다. 신조어나 slang도 그대로 옮겼다. 데이터를 기반으로 그들의 견해를 '정리'했고, 서론과 결론도 '그 자료를 전제'로 전개해 나갔다. 기획된 것이 없고, 의도된 조사도 아니다. 통계이고 이에 대한 비평이며, 해석과 대안 등을 제시하는 등의 학술적이고 공익 차원의 글을 썼다.

어떤 댓글에는 9,200개의 '좋아요'가 붙었다. 수천, 수백 개는 셀 수없이 많았다. 이것은 국민에게 매우 객관적으로 제공하는 자료이며, 미래를 대비할 수 있는 자료로 충분하리라고 본다. 이런 자료는 스쳐 지나가도록 하면 안 된다. 다시 얻지 못할 자료로 생각된다. 여론과 정치집단 등이 말해왔던 지금까지의 내용과는 완전히 반대의 견해로 가득한 이 자료는 충분한 사회적 반향이 있을 것이라는 판단이 들었다. 이 일을 유튜브가 입증해 낸 것이다.

주장과 가르침으로 행복한 가정을 이룰 수 없고, 수십조 원 지출로 출산을 이끌어 내지도 못한다. 잘못

짚었다. 몰랐을까? 필자는 그렇게 믿지 않는다.

우선 읽어라. 우선 알아라. 객관성을 확보하라. 그리고 견해도 판단도 해라. 거짓에 속지 말라. 대안은 있다.

서론:

1. 통계가 말하는 것, 침묵하는 진실

 말씀드린 대로 유튜브라는 플랫폼에서 자연스럽게 형성된 여론, 그것도 수십만 명이 참여한 집단지성의 목소리를 '있는 그대로' 담아낸 이례적인 자료다. 아직 이 정도의 자료는 없었다. 아마 앞으로도 없을 것이다. 의도한다면 지금처럼 정치인과 편향된 이념을 가진 자들이 조작할 것이 뻔하기 때문이다.

 그리고 이 자료는 아무것도 가미하지 않았다. 이렇게 심각하게 가정을 사랑하고, 가족을 사랑하고, 전통을 이어가려는 사람이 많다는 것에 안도와 함께 결과로 나타난 그것에 대한 불안도 있다.

2. 99%의 여론, 그리고 침묵하는 소수

 독자는 깜짝 놀랄 것이다. 필자와 같은 심정이라면 불안하고 무서울 것이다. **'99% 이상'**이 한 방향으로만 흘렀다. 이런 통계는 세상 어디에도 없을 것이다. 너무 무섭지 않은가? "일본 여자와 결혼하라", "한국 여자도 수출하자", "통계와 싸우지 말라", "한국 여자는 '나를 행복하게 해'라고 말하고, 일본 여자는 '우리 행복 하자'라고 말한다"라는 내용이 반복적으로 등장했다. 이혼 전문 변호사들과 가족 상담사 연애 상담사 결정사 등의 이야기를 보면 사실이라는 것을 알 수 있다.

 시기에 따라 차이는 있지만 통계청 자료를 인용한 댓글도 여럿 있었다. 그들 중에는 한국 남자와 일본 여자의 이혼율은 12% 내외, 한국 남자와 한국 여자는 40%, 한국 여자와 일본 남자는 68%, 한국 여자와 미국 남자는 76% 한국 여자와 영국 남자는 82%에 달한다는 글도 포함되었다.

어떤 이는; 통계라면서, "일본 남성 한국 여성 이혼율이 68%인데 뒷자리 쿨하게 빼시네 ㅋㅋ, 미국 남성과 결혼 후 이혼율은 71, 캐나다는 85, 호주는 98임 레전드임 ㅋㅋㅋ" 이렇게 쓰기도 했다. 여성 참여자도 소수 있었다. 그러나 그녀들도 반박하는 댓글은 없었다. 익명의 공간임에도 불구하고, 그 누구도 이 흐름에 반대 의견을 내지 않았다. 왜일까? 너무도 선명하고, 너무도 객관적이며, 분명한 현실 앞에서 반박할 여지가 없었기 때문이다. 정부는 이 자료를 전제로 그들이 납득할 만하게 대안을 만들어 와라! 결혼은 그들의 운명이며 국가의 미래다. 아닌가? 아니라는 증거를 가져와라. 더 이상 공작은 말라!

3. 절제된 언어, 모욕 없는 증언

　이 책에 실린 댓글들을 읽으면서 저자가 가장 놀란 것은 그 언어의 품위였다. 쌍욕을 하거나 모욕적인 표현을 사용한 사람은 단 한 명도 없었다. "이렇다", "이렇더라", "이런 경험이 있다"라는 "나는 싫다." "나는 바란다" "아들에게 국결을 추천하겠다" "내 아들에게 일본 여자와의 결혼을 추천할 것이다" 정도가 전부였다. 객관적이고 절제된 표현들로만 썼다. 경험한 이야기만 썼다. 한국의 지성이 읽히는 대목이다. 경험한 이야기이니 완전 신뢰가 갔다. 신사적이고 절제된 표현으로 이렇게 날카롭게 주장하는 것도 새롭다. 한국 여자에게 상처를 받았다고 하면서도 신사적이었다. 이 정도로 절제되고 성숙했다는 것에 매우 감동되고 만족스러웠다. 건전하다고 느꼈다. 주관이 뚜렷했다. 가정을 지키고 행복을 추구하려는 마음이 간절하게 느껴졌다.
　이는 무엇을 의미하는가? 냉정해졌다는 의미고, 가정에 대해서 신중하다는 의미였다. 정말 행복한 가정을 갖고 싶다는 절규로 느껴졌다. 읽으면 느낄 것이다. 그들도 아버지의 삶을 보았고 어머니의 삶을 경험했다. 그런 그들이 쓴 글이다. 그러니 이 자료는 시대상의 반영이다. 속일 수가 없는 것이다.

여자가 남자를 깨어나게 했다. 여자가 가르쳤다. 반대급부를 보고 알게 된 것이다. 남자도 아프고, 슬프고, 외롭고, 피곤하고, 아깝다. 그래도 주고, 그래도 베푼다. 남성의 본성이다. 못해 줘서 안타깝고 더 못 줘서 슬프다. 이런 본성은 창조자께서 주신 것이다. 놀랍지 않은가! -물론 잘못된 인간도 많이 있다.-

댓글에는 비난이 아니다. 비평이다. 해결을 점잖게 표현했다. 한국에서 태어나고 자라며, 사회활동을 하고, 연애를 하고, 결혼과 이혼을 하며 살아온 사람들의 글이다. 그들이 아니면 대한민국이 아니고 그들이 아니면 결혼이라는 제도는 없는 것이다. 명백히 그렇다. 그들보다 더 객관적으로 한국의 여자를 알고 있는 사람은 세상 어디에도 없다. 댓글에는 여성들도 여럿 참여했지만, 변명하는 사람은 없었다. "이런 자극적인 주제는 왜 올렸냐?"라고 말하는 여자가 하나 있었다. 이 말은 어리석은 말이라 평가하지 않겠다. 그들은 비난이 아니라 경험의 공유였기 때문이다.

   이와는 비교되는 남자를 혐오하는 여성 사이트를 보라! 예외 없이 막말에 모욕, 비아냥에 저주를 일삼는다. **아닌 글을 본 독자가 있다면 제보 바란다.** 잘 죽었다고 한다. 축하한다며 서로 축배를 하잖다. 북괴의 공작으로 다리가 날아가도 축배를 들잖다. 한남들 잘 되었단다. -어느 국회의원 자식은 선물로 목발을 주잖다. 이념이 이렇게 만든다.- "잠재적 성폭력범", "성기가 작다"라는 식의 모욕은 기본이다. 이보다 심한 표현은 말도 못 하게 많고 객관적이거나 신사적인 표현은 본 일이 없다. 이런 글을 누구나 볼 수 있다.
   결혼 적령기에 있는 남성이 그런 글을 모를 수가 없다. 여성에게 온갖 관심을 가지고 있는 세대인데 그런 글을 모를 수가 있나? 그녀들은 성평등을 말하면서 고위직과 임원직의 절반은 여자여야 한다고 주장한다. 정치도 그렇다. 대단한 논리다. **여자를 세워서**

돈이 되는데 안 세우는 사람이 정상적인 사람일까?
있을 수가 없는 상상이다. 왜 그런 생각을 할까? 이상하다. 돈은 수익이 나는 그 대상에게 주는 것이다. 지위도 그렇다. 남자라서 주는 것이 아니다. 여자이기 때문에 줘도 안 된다. 수익을 내야 주는 것이다. 이것이 평등이다.

　남녀를 공평하게 나눠주는 것이 평등일까? 그렇다면 냉정하고 객관적으로 반반(半半)에 대한 생각을 해보자. 광고 모델의 80% 이상은 여자다. 여자를 세워서 되니 하는 것이다. 그러나 반반으로 하도록 법으로 정해라. 초등학교 교사도 여자가 90% 이상이다. 이것도 정해라. 경찰도 소방관도 5:5로 뽑아라. 범인을 제어하고, 불에 뛰어들어야 한다는 기준도 공히 같은 기준을 적용해라. 군대도 그렇게 하라. 남녀 차별하지 말라. 여자가 매우 싫어하지 않는가! 여자는 공평하기를 원한다. 함부로 쉬게 하지도 말고, 특별 휴가도 주지 말라. 막노동 현장도 청소원도 5:5로 뽑아라. '여자라서'라는 이념은 빼라. 지금 평등을 말하고 있지 않은가! 그렇다면 고급 임원을 남녀가 5:5가 되는 것을 염려하는 사람은 없다. 모두가 미쳤는데 누가 문제를 삼는다는 말인가?

프로 운동선수도 남자와 같은 대우를 해달란다. 미국 등 선진국에서 쟁점화된 내용이다. 여러 번 논의했지만, 프로농구의 경우 적자를 20년 넘게 남자 프로에서 메꾸고 있다는 사실은 이미 알려져 있다. 그래도 그런다. 참 놀랍다. 남자는 그런 생각을 할 수가 없다. 그러면 남자가 아니다. 어느 나라나 예외는 없다. 여자에게만 그런 유전자가 있는 것 같다.

18세 이상 여자 국가대표가 중학생하고도 한 번을 제대로 이기는 것을 나는 본 일이 없다. 아니, 이길 수가 없다. 유튜브를 보라. 대단히 많은 자료가 넘쳐난다. 미국 여자 국가대표와 13세 청소년 경기는 3:1 혹은 3:2로 아슬아슬하게 진다. 어리지만 이기지는 못했다. 훈련받은 선수라면 당연한 일이다. 15세가 포함된 경기라면 5:1, 4:0 정도로 진다. 벌써 차이가 난

다. 국가대표와의 경기임에도 그렇다.

　프로 4부리그의 할아버지들과 미국 여자 국대가 뛰는 경기를 보았을 것이다. 유튜브에 많다. 누구나 볼 수 있다. 전반전에만 15:0으로 지고 후반전을 기권했다. 주전이 빠졌다는 등 변명했고 방송에 내지 말라는 말도 남겼지만, 유튜브는 그런 말을 들어줄 필요가 없는 매체다. 체력이 계속 떨어질 것이니 후반전을 뛰었다면 아마도 40:0은 되었을 것이다. 비교하는 것은 어리석고 터무니없는 일이다.

　필자는 인천의 송도 고등학교를 졸업했다. 중학교도 있었다. 당시에는 한국화장품(태평양으로 인수된 것으로 기억한다)에 국가대표 선수들이 6명 있었다. 나머지도 모두 프로선수다. 그들이 우리 학교에 와서 중학생과 훈련했다. 거의 매일 오후에는 개근할 정도였다. 조그마한 그녀들이 중학생들과 경기하는 것을 보면 너무 사랑스럽고 아름다워서 정신을 못 차릴 정도였다. 그래서 자주 보게 되었다. 이 경기에서도 한 번을 이긴 것을 본 일이 없다. 고등학생은 투입하지 않는다. 연습은 하지만 경기는 하지 않는다. 경기가 되겠는가? 차이가 극심해서 도움이 안 되니, 못하는 것이다.

　동덕여대의 학교 파괴 사건을 보라. 책임지지 않을 거니까 100억 이상의 피해를 입힌 것이다. 남자 같으면 그런 생각을 할 수가 없다. 책임진다. 감옥도 간다. 이러한 여자들의 말과 행동과 사고와 태도를 한국 사람은 다 보았다. 어떤 생각이 들겠나? 그녀들과 결혼하고 하겠나? 억지를 부리지 말고 객관적으로 말해라. 그러나 매우 절제하며 언급하지 않는다. 그것이 남자다.

4. 학계와 정치계, 그리고 왜곡된 담론

 학계에서 연속극을 '여성용 포르노'라고 한다는 말을 들었다. 그 영향력이 사회적 저변이 되었다는 것이고 허파에 바람이 들어가게 만들었다는 의미 때문으로 보인다.

 가정 상담사 이혼 전담 변호사 등이 유튜브를 통해 확인해 주는 것을 여러 번 보았다. 그녀들은 '여자가 이혼만 하면, 재벌 2세가 사랑 고백하는 것은 모든 여성 드라마에서 등장하는 주제'라고 했다. 게다가 상대는 총각이라는 것이다. 드라마에는 그런 주제 외에 다른 것이 등장하지 않는다는 것이다. 자료를 찾아보니; 성적 판타지, 쾌락의 공급원 등으로 표현되었고, 서사를 전달하는 매체를 넘어 성적 이미지, 판타지, 관음적 시점 등을 포함하고 있다는 비평이 있었다.

 여성 포르노의 특징은 한결같다. 여성은 바라기만 하면 된다. 사랑받고 대접받는 것이 당연한 숙명이고 본질로 다루는 것이 이 포르노의 주제다. 여자는 어떤

성품과 매너와 정신을 가졌어도 상관이 없다. 남자는 그녀가 가진 그대로를 받들고 절대가치로 생각해야 올바른 남자다. 대단한 가치관이 아닌가! 놀랍지 않은가! 그래서 포르노다.

이 내용을 전 국민이 다 본다. 작가의 문제인가? 아니다. 그들은 시대상을 반영한 것일 뿐이다. 여기에는 이념이 개입한다. 정치권에서 이를 휴머니즘과 인권이라는 개념을 녹여 정치적 성향으로 포장해서 여성들을 끌고 다닌다. 이것이 여성이 속고 있는 현실이다.

이런 거짓 포르노로 인한 가치관과 문화에서는 가정이 평화로울 수가 없다. 그런 가치관은 사실도 아니고 현실도 아니고 참되지도 않고 합리적이지 않으며 무엇보다도 창조의 섭리에 합당하지 않으니 잠잠할 수가 없는 것이다. 이런 가치관이 동의할 수 없는 남성들은 한국 여자와의 결혼을 긍정적으로 생각하지 않게 된다.

포르노로 인해 한국 여성들은 점점 더 현실과 동떨어진 기대치를 갖게 되지만 제지할 동력이 없다. 감염되면 발톱을 숨기지만 언젠가 나타날 일들이 뻔히 보이니, 남성은 여성이 두렵고 결혼이 두렵다.

여성은 실제가 아닌 사람을 포르노에서 만나는 것이다. 허구와 욕심으로 살게 된다. 그로 인해 의식은 점점 더 인플레이션 되고 그럴수록 행복은 멀어진다. 원하는 것이 많은 것이 행복이라고 규정하려는 어리석음이 가정을 소리 없이 파괴하고 있는 것이다. 이런 가치관과 나라의 소멸 문제는 직결되는 것이니 문제가 되는 것이다. 누가 이 소굴에 들어가 자기 속살을 보이면서 살아갈 것인가? 아니라고 부정해도 소용이 없다.

통계청의 자료를 올린 몇몇 참여자는 한국 여성이 어느 나라 남성과 결혼해도 이혼율이 심각하게 높다는 자료를 제시하며 말 없는 항변을 했다. 통계를 비웃어야 소용이 없다.

독자들은 매우 객관적으로 생각하고 있었다. 통계를 인용하며 한국 여성의 인식 구조에 문제가 있다며 어필을 했다. 이것을 냉정하게 봐야 한다. 그리고 여성들이 이념에 끌려다녀서는 안 된다. 가정의 안주인이 아니던가! 행복하게 살고자 하는 목적을 위해 무엇을 할 것인지 생각해야 한다.

 통계를 보라. 가정의 중요성과 가정의 법, 가정이라는 질서, 자녀를 낳아야 하는 이유와 낳지 않아서 생기는 모순과 허구는 명확하다. 한 명 낳으면 1억을 준다고 해도 '1억 가지고 아이들 교육 시킬 수 있나요?'라고 말한다. 필자의 여자 조카의 말이다. 그녀만이 아니다. 여럿이 그런 말을 했다. 놀랍다.

 아이를 낳으면 돈을 지원하겠다는 지원책이 이미 왜곡되어 있다. 이미 오래전부터 그렇게 해 놓았다. 이미 구부러졌으니 바로 잡으려면 아플 것이다. 정부가 돈을 뿌리면 아이를 낳을 것이라는 논리는 그녀들에게 이미 꼬리를 잡힌 정책이다. 잡혔으면 끝이다.

대안이 없으면 영원히 끌려다니는 것이다. 그 대안 때문에 이 자료를 제공하는 것임을 알기 바란다.

문제는 결혼 적령기에 있는 수십만 명의 남성의 생각이 어떤지를 우선 살펴야 한다. 객관성이 사라져서는 안 된다. 그들이 왜 그런 말을 할 수밖에 없는지를 살펴야 한다. 행복에 관한 이야기, 가정에 관한 이야기, 미래에 관한 이야기를 함께 가져가야 하는 것이 남자와 여자의 결혼이다. 그것이 지금 어렵다지 않은가! 고통스럽다지 않은가!

지금까지의 이런 논리와 가치를 가진 여인들을 남자들이 선호하는 것은 매우 어려운 일이다. 그런 생각이 고착 되어가니 남자들이 적응하며 신종 남성상이 생겨나고 있다. 이것도 빨리 잡아야 한다. 남자들도 여자만큼 영악 해가고 있다. 남자다움에 쇄 못을 박은 것이다. 본성을 좇아가고 싶어도 더 이상 남자답게 나갈 수가 없게 된 것이다. 남자들이 양보나 희생을 포기하면 어떻게 될 거라고 생각하는가? 가정을 유지할 수 있다고 보는가? 여자를 조건으로 생각하면 사랑할 수 있을까? 생각하라! 이 책에서 경험할 수 있다. 그러니 읽어라. 그리고 생각하라. 알 수 있다.

5. 유럽은 모두 극복했다. 답은 나왔다.

　정부는 이념과 돈으로 달래려고 했다. 뛰는 정부 나는 국민이다. 돈만 빼앗긴다. 돈은 이미 기본 조건이 되었다. 나락으로 간 것이다. 이때부터는 백약이 무효하다.

　몸값을 올리는 방법을 터득한 여성들을 설득할 정부는 존재하지 않는다. 이미 드러났고 수가 읽히지 않는가! 정부는 표를 의식하고 있는 약자다. 그녀들의 주장에 귀를 기울이는 형국이 되어 버렸다. 정부가 의도하고 그녀들이 이용하는 관계성이 이미 형성된 것이다. 소위 땜빵으로 때우려는 정책이 난무하고 있으니, 면역력이 생겨난 것이다. 다른 대안도 없으니 점점 더 심화되는 것이다. 이 틈에 이것을 이용하는 것이 정치집단이다. 그래서 문제가 가속되고 있는 것이다.

　미국과 독일, 영국 등 유럽의 경우를 보라. 그들은 페미니즘의 허구를 극복했다. 가정과 가족, 사회의 구성원, 삶의 가치 등이 정책에 녹아들게 했다. 돈으로만 해결하려 하지 않았고, 직장 내 경력 단절을 막는 등의 실질적 대책을 추진했다.
　하지만 한국은 다르다. 같은 정책을 써도 효과가 없는 이유는 하나다. 각종 단체와 정치권의 선동이 근본의식을 왜곡시켰기 때문이다. 목적이 있으니 당연했다. 이것이 문제였다. 그들이 정하고 이끌려는 가치관이 길을 내고 있다. 그래서 힘이 들었다.

　이제 새로운 이정표가 제시되었다. 바로 이 통계를 전제로 직접 파고들어야 한다. 거짓은 모두 버려라. 사실을 전제로 생각하라. 문제가 없는데 어떻게 해결하겠으며, 다른 방향으로 r가는데 언제 목적지에 도착하겠는가? 깨닫는가? 결혼 적령기 남자들이 주로 참

석한 자료다. 남자의 본성이 무너지면 무서운 결과를 초래한다. 남자는 욕구가 없는 것이 아니다. 생각이 없어서가 아니다. 남자도 아프고, 슬프고, 외롭고, 힘들고, 쉬고 싶다. 그러나 '남자다움'을 사명으로 살려고 움직이는 것이다.

남자는 사랑스러운 여인을 위해 희생하고 헌신하기를 원한다. 그것이 행복하고 그것이 자랑스럽고 그제야 남자가 되었다는 확신이 생긴다. 그것이 남자의 정체성이다. 그러나 바보가 아니라는 것을 명심해야 한다. 계산을 못 해서가 아니다. 아프고 슬픈 일을 못 느껴서 잠잠한 것이 아니다. 남자다움을 지키려는 의지가 작용하기 때문이다. 남자다움이란 이런 것이다.

그러나 한국 여자들이 그런가? 포르노에 감염된 왜곡된 '여자다움'이라는 가치관은 창조의 섭리를 이탈한 지 오래다. 그 본성을 버리면 사랑이 나갈 수가 없다. 가정은 비참하게 무너진다. 자료들을 보면 알게 될 것이다. 포르노를 버려라. 이념에 끌려다니지 말라. 이것이 본서에서 유감없이 나타난다. 댓글과 호응, 그 행간에 숨겨진 간절함을 발견하라.

  미국 정부가 아프가니스탄에서 미군을 철수시켰다. 끝장났다는 의미다. 그들은 철수하는 미군을 막아서기도 했고 물건을 던지거나 모욕하기도 했다. '지금껏 돕다가 왜 떠나느냐?'라는 미친 소리를 하는 것이다.
  가지 말라는 것이다. 그들의 행동이 놀랍다. 의식은 그 사람을 규정한다. 그 상태를 벗어날 수 없다. 그들은 지금도 그랬고 과거도 그랬으며, 미래도 역시 그렇게 할 것이다. 맑은 이슬을 먹고 독을 만드는 생명체가 있고 꿀을 만드는 생명체가 있는 것이다. 내장 기관이 그런 것이다. 그의 실존이다. 그런 나라에 미국이 도움을 줘야 할 이유를 대라! 그래도 도와야 할 당위성을 말해라. 아니면 잠잠하라. 그곳에서 군대를 빼는 것은 매우 합당하고 매우 당연하며 매우 잘하는 일이다. 박수를 보내고 싶다. 다른 대안은 없다고 본다.

"그들은 감사가 없다. 그들을 더 이상 도울 가치가 없다." 이는 뉴스를 통해 여러 차례 보도된 내용이며 우리에게도 알려져 있다. 그러나 그 반대로 6.25 때 미국이 한국을 돕게 된 계기는 '한국은 도울 가치가 있는 나라'라는 '빌리 그레이엄 목사'의 자국 대통령을 향한 압박 전화로부터 시작되었다. 이것은 너무도 유명한 증언이라 숨길 수가 없다.

그는 "당신이 한국에 참전하지 않으면 퇴진 운동을 벌이겠다"라는 협박에 이틀 만에 참전하게 된 것을 기억해야 한다. 그는 개신교 국가인 미국의 보수 신앙의 정점에 있는 분이었다. 사모님의 고향은 평양이다. 선교사의 따님이셨다. 그녀는 고향을 사랑했고, 그것을 행동으로 보였다. 은혜를 잊어서는 안 된다.

자료 중 '*표'는 '좋아요'이다. 미리 드린 주제를 기억하고 읽어라. 정치권이나 방송의 선동도 거짓임이 밝혀지는 순간이다. 그러면 서서히 보인다. 우리가 그것을 해결하자. 대안은 얼마든지 있다.

@ㅇㅇㅇ슈마허 *899
그런 댓글 기억에 남네요.
한국 남자: 희생할 줄 앎
일본 여자: 고마워할 줄 앎

@kth260278 *9.1천
일본 여자 : 행복한 가정을 이루길 원함
한국 여자 : 남들이 봤을 때 행복한 가정으로 보여야 함

@주ㅇ치-u8s *474
일본 여자 : 고마워함, 미안해함. 사랑함
한국 여자 : 좀 더 원함. 당연해함. 비교함

@user-fc1ht9wm1f *1.5천
한국 여자의 가장 큰 문제점
자기 권리 주장은 점점 더 커지면서, 자기 의무 확대에는 나 몰라라 함 ㅋㅋㅋ

@a_hojin
수치는 거짓말을 하지 않는다. 나는 이 말을 무척이나 좋아한다.

@ㅇㅇ거나-h8v *1.6천
일본 여자: 본인이 행복한 결혼생활을 원함
한국 여자: 친구들이 부러워하는 결혼생활을 원함

@ㅇ현-h7s *359
일본 여자: 우리 행복하게 살자
한국 여자: 나를 행복하게 해봐

@user-bj1nu6vc9n *397
일본: 남편을 원함.
한국: 부자 새아빠를 원함

@이ㅇ샘-n9j *480
얼마 전에 한일 부부 봤는데 눈이 오든 비가 오든 덥든 춥든 남편을 위해서 차가운 도시락 주기 싫다며 도시락 만들고 버스 타고 남편 다니는 회사에 도시락을 주는 거 봤어요. 저런 아내면 일하다가 해고당해도 어떻게든 이 사람은 먹여 살리겠다고 마음먹을 듯

@user-dapokim ＊1.6천
일본 여자: 같이 행복한 결혼생활.
한국 여자: 내가 행복한 결혼생활

@painitial8765 ＊3.1천
통계랑 기싸움 하는 거 아닙니다. 여기까지만 하겠습니다.

@ㅇ우-r6l ＊524
전 세계에서 한국 여자를 견디는 남자는 한국 남자가 유일함 ㅋㅋㅋㅋㅋ
심지어 한국 여자도 한국 여자를 못 견딤

@ㅇㅇ이야 ＊4.5천
일본 남자 한국 여자로 결혼하고 이혼율 봤을때가 더

대박임 ㅋㅋㅋㅋㅋㅋ 일본 통계청에서 80프로 때려버림ㅋㅋㅋㅋㅋ 개 충격

@Armo-z7t *292
회사 동료도 얼마 전에 일본 여자랑 결혼했던데.. 웃음이 끊이질 않더라..너무 부러움. 부부 둘 다 마인드도 좋아서 축의금 안 낸 백수 친구한테 오히려 교통비도 얹어줌.. 착한남자와 착한 여자의 만남 부럽다

@llllllllllll *26
한국 여자와 일본 남자가 고기 집에가면 서로가 고기를 구워주기 기다리다 야채 만 먹고 나온다는 얘기가 있다. 나는 이 유머를 참 좋아한다.

@dukenanick *450
존중 감사 인정 이런게 요즘 한국의 많은 여자들에게 부족한게 아닌가

@omogarikimchi8181 *3천
요즘 30대 여자 기피 하는 가장 큰 이유는 나이가 들수록 여자의 감사지수가 낮아지고 표독스러움이 증가하기 때문임.

@우ㅇ리-i9k *411
일본 여성과 결혼을 앞두고 있습니다. 살면서 나름 연애도 많이 해왔지만, 결혼까지 생각할 만큼 행복을 느끼는 건 일본 여성이 처음이었어요. 1년 동안 교제하면서 싸울 일이 거의 없었던 것 같습니다.. 앞으로 잘 살겠습니다

@이ㅇ좀-f1f *517
부부가 아니라 아빠 구해서 그럼. 날 먹여 살려줄 남자 찾는 거임.
같이 살아갈 사람이 아니라.

@user-vg8fm6sy2y *6.3천
사실... 한국 남자는 한국 여자 중국 여자 빼곤 다 10

프로대 미만임.. 그럼 누가 나쁘다?

@ㅇ단-y5s *403
이미 결혼해 버린 사람인데. 와이프가 남편을 아빠라고 생각하고 아빠같이 행동하길, 성격도 하는 짓도 바라는 바도 다 아빠 같길 바람. 지는 성질 부려도 나는 성질부리면 안 됨. 내로남불 오짐. 난 지 아빠가 아닌데.
살면서 보니 그쪽 집은 장모님이 기가 쎄고 장인어른이 꽉 잡혀 삼. 즉 그 딸램이도 보고자란 상이 그러하니 내가 그러하길 바람.
그러니 한국 여자와 결혼하실 분은 반드시, 상대 가정의 부모님이 누가 더 주도권이 있고 목소리가 쎈지 주된 결정권은 누구에게 있는지 어머니는 자상하고 고분고분하신지 파악해보는게 필요함. 미래 결혼생활이 달려있음.

@Cervantes.southkor *71
한국 여자는 사랑의 본질을 받는 거라 생각한다. 한국

남자와 일본 여자는 사랑을 주는 거라 생각한다.

@김ㅇ민-q3u *2.3천
애를 "낳아줬다고" 샤넬백 사달라고 조르는게 한국 여자임

@서ㅇ석-i8k *20
자주 하는 말.
한국 여자 : ~해줘, ~해줬잖아, 독박 어쩌구
일본 여자 : 고마워, 미안해

@Alfm-r3y *2.2천
미국 여자와 결혼-든든한 동반자와 사는 느낌.
일본 여자와 결혼-똑똑한 비서와 사는 느낌.
한국 여자와 결혼- 끊임없이 요구하는 사채업자와 사는 느낌

@ㅇㅇㅇ10ㅇㅇ까지가능 *169
제발 대한민국 딸바보 아빠들이 평생 딸래미 끼고 살

기를 바랍니다.

@이ㅇ석-m1t *67
일본 남성 한국 여성 이혼율이 68%인데 뒷자리 쿨하게 빼시네 ㅋㅋ
미국 남성과 결혼 후 이혼은 71
캐나다 85 호주 98임 레전드임 ㅋㅋㅋ

@2b14uSS *430
*통계청 기준 (2000년~2024년) 이혼/혼인
한남,녀:혼인6,537,400이혼2,751,500-42.1%
한남,일녀: 혼인4185건 이혼3658건-15.1%
한녀,일남: 혼인38700건 이혼24162건-62.4%

@바ㅇ남 *710
남자처럼 여자들도 글로벌로 진출하면 된다. 한국 여자들 국결 파이팅

@1a2a3a4a *52
포로 처음 여행 와있는 중입니다. 이제 곧 떠날 시간인데, 여기 여자분들 진짜 너무 이쁩니다.

@델ㅇㅇ쥬-n7y *709
제격인데?? 이혼율이 40%면 결혼 왜하는거냐?? 어차피 이혼하고 재산 반뺏길거

@user-samoyed_darong *74
여자 기준치가 나아지고 있는게 아니라 이미 최정점이지ㅋㅋㅋㅋㅋ

@paymydebts *47
2000년대 들어서면서 드라마 작가들이 불을 지폈고
2010년대 들어서면서 인스타,페이스북,유튜브가 기름을 들이부었고
2020년대부터는 법과 정치가 힘을 폭발시켜줌 ㅋㅋㅋㅋ

@vhydw-v1y *421
미래가 뻔하지…이미 한국 여자 기피 현상은 시작됐고 10년만 지나도 가난한 독거 중년여성들이 넘쳐나고 미래에 맥도날드 할머니가 엄청 많아질 거임…

@ㅇㅇ음-x4c *573
한국 여자한테 누구를 갖다 붙여도 그냥 이혼율이 높네ㅋㅋ

@The.Sun.God. *26
우리나라 여자는 고마워할 줄 모른다는 거네…존나게 고생해도 고맙다는 말 한마디면 힘내는 게 남자인데 그게 안되는거..

@jikim3183 *274
아..아들 둘인데, 난 예전부터 애들한테 외국인이랑 결혼 권유 중. 요즘 여자애들 키우는 집 보면 넘 강함. 특히 여자애들만 키우는 집이 기피 대상 1위임.

아들 가진 엄마들 다들 공감함.

@ㅇ뀨-c2f *226
엄청 돌려 말하시네 한국 여자가 문제라고 이게 알파이자 오메가다

@youmean5835 *13
일본 여자 : 우리 행복하게, 한국 여자 : 나를 행복하게

@제드-w4w *119
한국 여자가 감사지수 세계 꼴지인 건 통계로 나오잖아. 뭘 해줘도 감사하지 않고 당연하게 생각하고 이것밖에 못해주냐고 꼽주면서 가스라이팅하지.

@Today_not *203
저 상황에 대해서 한국 여자들은 불만 없지 않나? 본인의 눈에 한국 남자들이 차지 않으니, 결혼을 안 하는 것이 당연하잖아.

@ㅇ완-r6b *15
제 여동생도 남자 조카들 한국 여자하고는 결혼 안 시킨다고 바라는 게 너무 많다고 영국 유학 보냈습니다.

@zeptto2269 *577
옛말에 한국 여자랑은 경험치만 쌓고 결혼은 일본 여자랑 해라는 말이 있다.

@yowa5642 *747
여시 회원이 82만 명이고, 여시 가입가능한 연령대(만 19-40세 여성)의 수는 650만 명. 대한민국 결혼 적령기 여성 8명 중 1명은 여시회원이다.

@ㅇㅇ차-g3i *22
여기서 더 문제가 있는거임. 한국남 한국녀 이혼율이 통계청 최근 25년간 42.1% 인데 그럼 이혼 안 한 나머지는 과연 가정생활이 무난해서 이혼을 안 하는 걸

까도 생각 해야함. 애들 때문에 이혼 못 하는 또는 안 하는 부부는?..이게 한국에서 현재 결혼하는 부부들 70%정도는 이혼을 했거나 이혼을 하고 싶어도 애들 때문에 못 하는 그런 정상적인 가정이 아니다라고 보는 게 합리적인 판단임.

@AS-ky9tf *53
한국 남자는 전세계에서도 매너 좋은편이라 결혼할 때 조음
결혼은 현실이고 여자한테 매너도 너무 좋은편이고 순종적임

@샤ㅇ르 *4
국제결혼 2년차 남자입니다.
꼭 일본 여자일 필요 없어요 그냥 한국 여자만 아니면 됩니다 외국여자도 미친 사람은 많지만 한국 여자에 비하면 훨씬 압도적으로 적어요.
한국 여자랑 연애하던 시절엔 정말 스트레스 폭주했었는데 지금은 아내가 작은 걸 해줘도 전부 고마움을

잘 표현해 주고 좋아해 줘서 진짜 행복 합니다. ㅎㅎ

@Sad12day3 *17
한국 남자와 일본 여자 찬성 😊

@정ㅇ수-j5e *12
한국 남자 일본 여자 공통점: 고기집에서 고기 굽는 포지션

@aknumm *19
을과 을은 만나서 행복하고 갑과 갑은 만나면 파탄이 나는게 당연하지..

@꿈ㅇ이-v5o *98
내 친구 와이프는 혼수로 꼴랑 냉장고 하나 해오고 통장에 오백 가지고 옴 내 친구 그것도 다 이해하고 그냥 살았는데 결혼 2년 됐을때 와이프가 젊은 남자랑 바람남ㅋㅋㅋㅋ 결혼하기 전엔 생각 깊고 긍정적인 여자였는데 그게 다 연기였던 거임ㅋㅋㅋㅋㅋㅋㅋ

@ㅇㅇ클AI *3
미국 : 아내,
일본 : 아내❤,
한국 : 아 네…

@박ㅇ헌-p3d *14
저번에 어떤 유튜브 보니까 일본 여자가 우리나라 청국장 먹는 영상이였는데, 냄새 맏더니 이런 얘기 하더라. 아버지 양말 냄새 난다고 열심히 일한 양말냄새… 아무것도 아닌 것 같지만 아버지에 대한 존중섞인 얘기처럼 들려서 너무 듣기 좋더라

@ggree8322 *77
핵심은 존중임. 존중이 없다는 거. 밖에 나가서 일해보면 암. 100만 원도 나가서 벌려면 얼마나 힘든지. 300도 기술 없이 벌어보려고 하려면 큰 돈임. 근데 400, 500?? 진짜 대단한 거임. 꼭 자기 힘들 거 상대방에게 떠넘기는 애들이 이제 너도 하라고 하면 온갖 발악을 다하더라….그럴거면 결혼 하는거 아니다….

ㅋㅋ

사랑한다는 건 그 사람이 애쓰는 모습을 보면 내가 같이하고 싶고 대신하고 싶은 거지 빨대 꽂는게 아니야....

@lkimnohl *10
늙고 표독하며 3년-5년 후 도축계획 세우는 한국 여성

@이ㅇ영-c1y *17
그냥 한국 남자가 대단한 거임. 다른 나라는 한국 여자 감당 못 함

@unique_star_no_1 *53
고마움을 모르면 사람이 아니지요. 서로 고마워하며 삽시다요😊

@ㅇㅇ왕 *5
내 친구 일본 제수씨와 결혼해서 정말 잘 살고 있다 행복한 가정이다.

@ㅇ크7-z2p *58
과거 일본도 한국처럼 저래서 초식화되고 고령화가 된거임
마케이누세대 담으로 그나마 정신 차려서 정상화된 거죠. 과연 한국 여자들은 언제 정신 차릴지

@niceguyhyun *56
결혼은 손해라고 생각하고...경력단절을 싫어하더라! 그럴일 없겠끔 국결하면 고맙다고 해라!

@ㅇ하-r2f
제 베프 새언니 일본 사람이라 가끔 같이 보는데 진짜 사랑스럽긴 해요 제가 추움탐 많이 하니까 자기 목도리 풀어서 감아주고 삐뚤빼뚤한 글씨로 제 쪽지까지 써주는데 학창 시절 첫사랑 같은 느낌이랄까..그런게있어요 사소한것도 고마워하고요.

@나ㅇ리-x7f *44
한국 여자만 끼면 높아짐

@나는ㅇㅇㅇ네-t4c *439
한국 여자특 지 몸값을 모름 그냥 올려치기 ㅈㄴ 함
@ㅇㅇ움-t8u *7
여자도 국결 해라. 근데 한국 남자처럼 버텨줄라나 모르겠다.

@izu202001 *10
이거 레알임. 사촌 동생이 일본 여자랑 결혼했는데 1000만 원짜리 단칸방에서 시작하더라. 결혼식도 가족들끼리 조촐하게 식사하고 둘이 벌어서 더 나은 집으로 가면 된다더라. 우리는 그렇게 시작하면 주변에서부터 그런 결혼 왜 하냐고 아우성임.

@xtwi-n2m *140
솔까말 한국 여자하고 결혼하고 싶어도 못 해. 한국 여자들은 자기가 진짜 보는거 없다면서 평균만 바란다는데 그 평균이 수도권 기준 아파트 최소 18평+연봉5천+빚 없어야 함+경제권 줘야 함+집안일 반반해주기. 이게 정말 소박한 바램이라고 함. 이러니 남자가 어케결혼을 해. 무슨수라 남자가 30대 초반에 저 조건을 갖출수가있냐?

@kiano9166 *4
감사+존중 이건 무엇보다 큰 가치임. 사람이라면 다 기본은 있어야 한다고 생각하고, 없으면 짐승이랑 다를게 뭐임..

@보름달-h3x *95
한국남 : 남이 자기여자 뭐라뭐라하면 싸움,
한국녀: 남이 자기남자 뭐라뭐라하면 버림

@가ㅇ아-e4b *95
외국에서 "너 한국 여자 같다" 라고하면 욕하는걸로 기분 나빠함

@ㅇㅇDogPigㅇㅇ *2
ㅎㅎㅎㅎㅎㅎ.. "피해자 모임".. 빵 터졌네~👍

@ㅇㅇㅇ스ㅇㅅ *30
이혼율 40%, 60%는 그냥 절반이나 이혼한다는거네. 미쳤다

@ojs424 *13
1. 지독한 딸바보(오냐오냐 키움.) -> 자기가 진짜 공주님인 줄 앎.
2. 그런 장인 장모 될 사람들이 자기 노후 앞가림도 못 함-> 남자 집안에서 집도 못 해준다고 난리 침.
3. 낭만의 시대 아버지 이미지가 유독 가부정적이고 과묵->
그거 보고 자라서 남편이라는 포지션이 항상 독식하는 걸로 착각.
4. 자기 인생에서의 드라마를 은근히 기대함.

@ㅇㅇㅇ테니스79 *83
프로포즈부터. 일본 여자:받았다는 걸로 고마워하고 감동 받음
한국 여자:받는 도중에도 준비한 금액이 얼마인지…

장소는 내 맘에 드는 고급스런 곳인지... sns에 올릴 만한지... 친구들에게 자랑할만한 수준인지... 내가 눈물을 흘릴만하게 정성과 노력을 들였는지...멘트는 나는 아무것도 안 해도 나를 먹여 살릴 거라고 하는지...

@ㅇㅇㅇㅇ푸로토 *238

　자꾸 외국 여자와 결혼하려는 남자들한테 "환상 가지지 마라"느니 뭐니 하는 소리가 나오는데, 솔직히 말해서 애초에 한국 남자들이 환상을 품은 적이 없다. 그냥 현실적인 계산을 하는 거다.

　인생을 자동차에 비유해 보자. 살다 보면 교통사고는 한 번쯤은 반드시 겪게 된다.
그래서 안전벨트는 필수인 거다. 마침 한국과 일본은 결혼·이혼 통계가 뚜렷하게 나와 있어서 안전벨트로 비유하기 좋다.
한국산 안전벨트의 불량률(=이혼 확률)은 40%,
일본산 안전벨트의 불량률은 10%다.

이 상황에서, 성별이고 뭐고 떠나서
제정신 박힌 사람이라면 당연히 불량률이 낮은 쪽을 고르지 않겠나?
더 큰 문제는 결혼이 단순한 사랑놀이가 아니라 '재산 분할'이라는 무서운 제도가 걸려 있다는 점이다. 리스크가 이렇게 명확한데도
안전성을 따진다고 "환상에 빠졌다"는 딱지를 붙이고 욕부터 하는 건 그냥 생각이 없는 거다.
결국, 외국 여자와 결혼하는 남자들을 향해
"환상" 운운하기 전에,
왜 한국 남자들이 점점 해외로 눈을 돌리는지부터 생각해 봐라.
그게 오히려 상식적인 선택이다.

@kylechoi8154 *40
한국 여자는 사실 너무 표독스러움.. 같이 살 기에 호랑이를 키우는 것이라 보면 됨

@ㅇ드D *4
모두가 다 행복한 건 아니지만 어떤 도박을 해 야한다면 확률은 믿을만한 도구 아닐까

@ㅇ레-p3s *10
오랜만에 친구 만났는데 불쌍해 죽겠더라. 말 한마디 한마디 할때마다 시비트고 존나 표독스럽게 쳐 다 보는데 와우 치가 떨리더라. 아직 살날이 많은데 어카냐 진짜

@ㅇㅇ노-h9c *4
근본적인 원인은 상대를 가스라이팅하고 어떻게 생활하든 더 많은 걸 요구함. 멍청하니까 장단점이 있는걸 생각 안 하고 단점만을 엄청나게 부각 시키고 집요하게 상대를 조종하려함. 애초에 정상적인 사람은 버틸 수가 없음.

현실적인 방법은 일부러 나쁜짓을 다 하면서 하나씩 고치는척해야 함. 그게 정답임. 어차피 어떻게 행동하든 더 많은 걸 요구하기에 아무리 잘해봐야 눈꼽만큼

맘에 안 드는 점을 집요하게 물고 늘어지며 미친놈 취급하거덩. 차라리 미친놈에서 서서히 보통 사람이 되는척 하는게 서로서로 만족할 듯.

@moderatoly *33
일본 남자들에게서 피해 온 일본 여자 피해자
한국 여자들에게서 피해 온 한국 남자 피해자
서로가 서로를 위로해 주는 관계가 성립됨
@sbc6786 *19
여시 들어가서 온갖 글보고 사상에 물들여지면 그 영역으로 들어선것임.

@JHChoi-zv9oz
좋은 현상이네요^^ 일본 여성분들 한국 대환영 입니다😊

@1hzoon
일본 여자: 같이 행복하게 살자
한국 여자: 나를 행복하게 해봐

@duney6213 *17
한국 여자..앞 세대 엄마들이 다 배려놓음..내가 못한 거 너희들은 실컷 해봐라..!! 이런 마인드..

@ㅇㅇ남cvb *2
일본 여자 남편이 있어서 행복함 한국 여자 남편이 나를 행복하게 해줘야 함

@junseoklee691 *63
 자가 집해오니까 결혼준비하면서부터 공동명의 외치고있슴ㅋㅋㅋㅋㅋ 결혼생활 지속하면 어차피 공동재산이고 재산분할도 될 텐데 시작부터 이혼 준비에 통수때릴 준비 하는데 그 결혼이 잘 될리가 있나 ㅋㅋ

@SamuelSmith1221 *14
양 국가의 피해자 모임이니 찰떡일 수 밖에..

@The-all-back *4
한국 드라마를 본 후..

일본 여자 : 아름다운 사랑을 꿈꾼다.
한국 여자 : 저런 왕자님을 만날테야!
나는 한국 드라마가 우리나라 여자들을 망쳤다고 봄 (feat.sns)

@ㅇㅇ돌이-n8v *34
한국 여자 바뀔려면 30년 걸림...구지 결혼. 할려면 국결하고 혼자도 괜찮음...한국여자는 엔조이용으로만 하구...

@jhjeon3368 *10
여자는 착한 여자 덤으로 음식 잘하면, 남자는 성실한 남자 덤으로 능력 있으면 좋다. 진짜 옛말이 틀린게 하나도 없다.

@yagoogong *4
10만 원을 벌어오든 100만 원을 벌어오든 고마워하고 존중해준다/응원해 준다

VS

500만 원을 벌어오든 800만 원을 벌어오든 다 가져가고 남편에게 용돈을 주려고 한다.

고마움 당연히 없고 벌어오는 게 당연하다. 재테크라도 잘하느냐 당연히 그런 건 없다.

@lee4530 *96
마지막 희망. 일본 여자.

@003nirvana *1
사실 한국 남자는 다른 나라 여자들이 다 좋아합니다. 착하고 책임감 강하죠. 부모에게도 잘하고. 멋집니다!😊

@ㅇ마-x3q *20
이런 쇼츠 영상에 달린 댓글들 보면서
'내 얘긴 아니야~'라고 생각하는 한국 여성분들~~
당신들 얘기 맞아요~~😳
나는 그렇게까지 남자 안 잡아 먹는다구요??

비교 대상부터가 한국 여자면 어쩌자는거죠??

@나는ㅇㅇ미-x1g *13
타국 남자 한국 여자 이혼률이 엄청높던데.. 한국은 경쟁률이 높은 나라라서 그런지 결혼도 경쟁으로 생각하는 여자분들이 많아져서 그런거같음

@hyoungwoo337
베스트 댓글중 웃겼던거
일본 여자 : 나를 배려한다
한국 여자 : 나를 베려한다

@EG42386 *21
뭐 베트남인 많아지는것보다야 일본여성분들 한국으로 많이오셨음 좋겠긴함.

@kㅇㅇ-i4n *12
나 같아도, 다시 태어난다면, 일본 여성이랑 결혼하겠습니다.

@CUraraG *2
일본 여자는 정말 최고지 내 친구도 일본인 여친 사귀고 있는데 행복하다 하더라고 남들에게 잘 보여지는 삶이 아닌 정말 본인이 원하는 삶을 살고 있다고 하더라

@박ㅇ준-c9m *27
우리 아들 미래에 꼭 일본 여자와 결혼하거라

@sonywinds *6
고맙다 한국 여자들아 나를 강하게 만들어줘서😂😂

@ㅇㅇㅇㅇ그여름
외모든 능력이든 다 사라지고 인간성만 남습니다. 인간성이 좋으면 다른 조건이 부족

@ㅇㅇ란거 *11
장담컨데 한국 여자는 중국 남자랑 가장 잘 맞다.

@CommanderSupreme-1 *4
여자나 남자나 어릴때부터 스포츠와 팀활동을 많이 시켜야 함. 그래야 두뇌 발달이 좌우 균형감을 갖고, 남을 이해하고 자신을 돌아보는 훈련이 된다.

@10VNGY0U *6
한국 표독스러운 표정만 봐도 답이 안나오냐 감사할 줄 모름. 무조건 더 내놔! 마인드

@yd4759 *7
한일커플들 유툽바바라.....마니 부럽더라.....머랄까.. 인생이 바뀔 수도 있겠구나 싶었슴..

@gjl4180 *5
1개월 전하... 학사 마치고 일본 게이오나 와세다 쪽으로 유학 갈까 고민했는데...
은사님께서 일본 가면 우리 분야에서 고립된다고 말리셔서 안갔는데...
그 때 갔었으면...

@alwaysutd589 *52
고마워, 미안해 이 말을 죽어도 안 함. 딱 구멍 본연의 역할 이외에는 쓸모가 없음.

@bombee82 *3
일본 여자 : 우리 서로 행복하자
한국 여자 : 날 행복하게 만들어봐

@if9875 *5
얘들아 중요한걸 알았어
한국 여자는 어느 나라를 선택하든 이혼율이 높은거였어

@luious444 *16
한국 남자 - 앵간하면 여자한테 맞춰줌
일본 여자 - 앵간하면 남자한테 맞춰줌
서로서로 맞춰주려하니 이혼할 일도 거이 없을 듯

@--abracadabra273 *5
한국 여잔 지 애비를 대신해 케어해 줄 대상을 찾는

것. 문제는 그 가족들도 동일한 생각을 한다는 것. 그러니 잘못된 행동에 꾸짖어줄 사람이 없어 뭐가 잘못인지도 인지 못 하고 설사 3자가 알려줘도 인정 안 함.
내 아들도 머지않아 혼기가 차지만
난 일본 여자와 결혼을 적극적으로 어필하고 있음. 삐뚤어진 사고는 돌이키기 거의 불가능하기에 결혼을 할거면 제정신인 사람끼리 해야 함

@ㅇ임-q1q4q
성형 최강국인 한국에서 외모나이만 보고 결혼하면 인생 망하는 건 한순간이고 성격도 물론 중요한데 여자 직업과 경제력도 중요함. 남여 스펙이나 직업 경제력이 큰 차이가 없는 시대임.

@김ㅇ미-x4r *8
우리나라 국민성에 문제가 많단 걸 작금에 더 크게 느낌. 특히 일본 여자와 한국 여자 비교하면 더더욱 크게 다가옴.

@marua1004 *3
한국 남자와 한국 여자의 이혼율도 그렇지만 일본 남자가 한국 여자와 이혼율이 정말 충격적이네요. 이게 과연 무엇을 의미하는걸까요...다시 한번 깊은 생각에 잠깁니다.

@user-qkrwpr *19
일본 남자만 그런게 아니라 한국 여자와 외국 남자가 결혼할 경우 국적에 상관없이 이혼율 전세계탑을 찍던데 왜 그럴까요? 반면 한국 남자는 한국 여자 빼고는 세계 어느 나라 여자와도 이혼률이 10%대 전후

@saibjw *7
국제 시장에서도 가치가 떨어지는구나…

@tl5259
정말 핵심을 말한다. 한국 남자들은 외벌이든, 집에서 가서 부담이든 다 할 수 있다. 여기에 대해서 아내가 고마워하고, 감사한 마음만 가져 주면 되는데, 당연한 것으로 여긴다는 거다.

@박ㅇ규-k6y
예전에 서울대 나오고 참 잘난 사람인데 마누라죽고 헤어나질 못하니까
일본 친구가 자기 딸을 시집보냈고 그 덕에 다시 일어서서
유명한 기업을 세웠다 하더라.
요즘 울나라 여자들이 이걸 받아들일 사람이 있을까 싶다.

@LUXchaser
일단 연애할줄아는사람은 결정사 쳐다볼 필요없다.

@moyesism *2
표정부터 다름ㅋㅋ

@wkdwls7933 *5
그동안 전체의 절반을 일부라고 가스라이팅 해온게 더 대단하다

@tnseornr *5
대다수 애들이 무슨 사회에서 겸상하기도 힘든 애들이 뭔 메타인지가 없나? 지 희망사항을 인지 오류가 발생해서 지들이 그급인줄 착각하는애들 많음ㅋㅋㅋㅋㅋㅋ 진짜 웃음만 나온다.

@ilovekorea1294 *3
한국 남자들은 일본 남자들에게 고마워하고 미안해 해야 함.

@ㅇㅇㅇ다니엘 *6
좋게 포장해서 자기주장이지 ㅋㅋ 그냥 비지니스로 신세 한번 고쳐보려는 거지심보라 개빡치는거...

@ㅇ용-q5x *4
그치 성격이랑 말 이쁘게 하는게 👍
여자들은 결혼하면 본인 말투가 바뀐걸 몰라

@jacobin1632 *6
일본 남자 vs 한국 여자. 세계관 최강자의 대결

@jja8093 *9
중국여자 그냥 결혼 대상으로 안봄

@PLAYLIST-nx5ve *7
한국 남자와 일본 여자가 잘 맞는 이유는
일본 여자는 당연하다고 생각 안 함
작은 거에도 엄청 고마워 하고 미안해하는게 보임
리액션이 쩔어서 작은거에도 남자는 행복감을 느끼고 이 여자를 끝까지 책임져야겠다는 생각이 자연스럽게 듬
당연히 100프로 다 그렇다는건 아닌데 평균적임

@ㅇㅇ무슈
이렇게 수치화해서 보여줘도 자기들은 이해못하고 안 변할 것이란 걸 너무 잘 알고 있음. 자기들이 받던 과분한 배려와 이해가 이젠 너무나도 당연한 거라고 생각하고 있을테니까

@Rihaha-n8t *22
저 일본 남자랑 결혼한 지 7년째인 31살인데ㅠㅠㅠㅠㅠㅠㅠㅠ아닌 일본 남자도 있습니다ㅠㅠ 잘 맞아서 잘 사는 일남 한녀도 있어요 흑흑..
고기도 남편이 구워주고 제가 구우려고하면 못하게 하는 일남도 있어요ㅠㅠㅠㅠㅠ흑흑..

@health7598 *3
한국 여자를 결혼 상대로 판단할 때 중요한거 : 인스타같은 sns를 하냐, 안하냐 이것만봐도 좋은결과가 나옴. sns를 거의 안 하는 여자는 왠만하면 허영심은 덜하다.

@fdsjkj5r4i7usfd *1
남자들이 예쁜 여자를 원하긴 하지만 더 중요한 건 따뜻한 여자임. 편안한 안식처가 되는 가정을 원하고, 그곳에서 따듯함을 느끼길 원하는 것임. 일본 여자들이 한국 여자들에 비해 이쪽에서 강점이 있어 남자들 선택을 받는 것임

@Supery *3
일본 여자 = 아내가 되고 싶어 함
한국 여자 = 공주가 되고 싶어 함

@eeefff4596 *4
한국 여자 속마음 "" 자기가 재벌딸 임 ""

@cker0389
정확한 정보력 ❤❤❤구독했습니다.

@oxoxoxoxoxoxo *6
근데 확실히 단점만 찾고 불평불만만 이야기 하는 사람이 많음

@yscho-h4k *6
권리만 주장하니 그런거

@인생은유한해 *2
지나가던 퐁퐁이 입니다.. 사니마니 크게 싸우고 돌도

안된 우리 딸. 어쩌나 하고 눈물로 지새고 있었는데.. 와이프가 오늘 뭐 잘못했는지 잘 생각해봤냐고 물어보더라고요.. 와중에 몇일 밥 안 차리고 설거지 안 해서 몸은 편해서 더 생각해 본다고 했습니다. 진짜.. 내 자식 눈에 밟혀 얼마나 울었는지.. ㅠ

@user-dngmd
🥇국결남은 금메달🥇
🥈미혼남은 은메달🥈
🥉이혼남은 동메달🥉
🪦퐁퐁남은 목메달🪦

@NO-hf5re *3
한국 여자~~~ 자기애를 부모에게 맡기려 함
일본 여자~~~ 자기 애는 자기가 키움

@1a2a3a4a *1
　제가 한달 전에 삿포로가서 댓글을 달았던 쇼츠 영상이였네요. 당시 이렇게 썼습니다.

삿포로 처음 여행 와있는 중입니다. 이제 곧 떠날 시간인데 여기 여자분들 진짜 너무 이쁩니다. 그리고 저 저번 주 오사카를 다녀왔습니다.
삿포로랑은 비교하면 좀 확률은 낮아지는데, 오사카를 가서 다시 느꼈습니다.

일본 여자가 확실하게 한국 여자보다 이쁩니다.

제가 기타큐슈, 후쿠오카, 가고시마 등 시코쿠? 지역에서도 시골에 시골만 다녀와서 진짜 일본 여자는 8월 9월에 처음 본건 데 확실히 이쁘고, 목소리도 이쁘고, 제스처도 이쁩니다.

진격의 거인 작가 고향에서 (시코쿠) 돈가스 파는 식당에서 직원인지 가게 사장님 딸인지 너무 예뻐서 그때 상사병 걸렸었는데, 그게 진짜 상위 1%로 매력적인 일본 여자를 우연히 시골에서 본 줄 알았는데, (사실상 공항에 인파 속 빼고는, 처음 본 일본 여자) 삿포로 오사카 다녀와서 느꼈습니다.

한국 여자랑은 비교가 안 됩니다.

쌍커풀은 튜닝으로도 안 치는 인조인간 김치녀보다

훨씬 풍기는 기운이랑 느낌 외모가 훨씬 이쁩니다.

@SungWookCheon *3
일본에서 살면서 보편적으로 느꼈던건 한국 여자와 일본 남자 커플들은 오래 못 감 남자들의 이야기를 들어보면 거의 헬이 열린것과 같음 가장 안정적인 부분이 일본 여자와 한국 남자 커플 그리고 여기서 서양 여자와 한국 남자 커플도 많지는 않지만 꽤 오래 갑니다.

@ㅇㅇ인-you *5
통계와 기싸움하는거 아니랬다.

@ㅇㅇ테-m9w *1
앞으로 어떻게 될진 모르나.
현재는 한국 남성 배우자로써 일본 여성이 최고인건 맞는것 같아요.

@dong-geul_2 *6
고마워 할줄 아는게 크지.

@RightWing-40s *3
애초에 딸가진 아빠들이 어렸을때부터 교육을 ㅈ같이 시켜놨으니 그게 쭉 타고 이어지는거지~

@ahdhdoekfncksnskcnswhsbck *1
부부간에는 반드시 존중과 감사가 있어야 합니다. 그건 상대를 떠받드는 게 아닙니다. 나와 평생을 약속한 동반자에 대한 예의이지요.

@ㅇㅇㅇ떡-s8u *4
마인드 자체가 달라~
굳이 지뢰밭에서 보물찾기를 할 이유가 없다는 거지~~

@ㅇ온-p5i *4
40넘으면 뭐 골드미스. 결혼적령기야. 폐닭이지

@gregorycharnnhielee5800 *1
피해자 커플 (기가차서)웃음+(속마음) 아프다 못해 쓰리다

@heyhahaha_ *3
그놈의 권리의식 때문에 더 이상 우리 부모님 세대의 존중받고 사랑받을 만한 여자는 정말 찾기 힘들다....

@이ㅇ주-x8i8v
내가 한국 여자인대도..한국 여자들은 무섭더라..남의 가정과 비교질에 친정 부모한테 휘둘려. 애 공부하라고 닥달.
남편한테 교육비 더 내놓으라고 난리. 시댁에서는 버티기.
내 아들한테 그냥 혼자 즐기면서 살라고 했다..난 며느리 필요 없으니..

@Sun-l8x7k *1
오 한국 남성분들 응원합니다! 꼭 일본 여자들과 결혼해주세요~~~

@sg3743 *2
예전 김미경이라는 티비에 종종 나오는 강사가 있었는데
그분이 얘기하시길 한국 여자들 불공정거래 하지말아라 하더군요

@Eroica_01 *3
요즘 그분들 한일 커플을 입에 거품 물고 욕하던데ㅋ

@bluerose1570
아들의 행복을 위해서 한국 부모들이 일어 공부 해야겠네요. =1

@Jasonmraz643 *3
한국 여자는 월급 300만 원을 벌어오면 자기한테 얼마나 쓰는지가 중요하고
일본 여자는 300만 원이나 30만 원이나 가족을 위해 헌신한 가장을 존중해준다
이런데도 한국 여자랑 결혼할래?

@jayjoyjoy-i3k *3
진지하게 이게 좋은게 이렇게 양쪽 사람들의 교류를 늘리면 양국이 더 이상 싸우지 않아도 될 수 있음, 일본 애들도 왜곡된 역사에 빠지지 않을 수 있고 한국 애들도 일본에 선입견 가지는 것들을 없앨 수 있음, 진짜 시간이 많이 지나면 양쪽이 한 가족처럼 될 수 있어서 분쟁을 많이 줄일 수 있음, 어차피 이혼율 높은 나머지 애들은 자녀가 없을 가능성이 높아서 결국 한국일본 부부의 비율이 더 높아질거임

@ㅇ감-n5c
가장 큰 건 서로에 대한 배려와 존중의 차이가 많이

나는것 같음
그리고 오히려 같은 언어 쓰는데 대화가 안 통하는 것도 한몫

@ㅇ대-g9u *4
애기 낳아 주잖아~~라고 말하시는분들... 결혼이 몸 팔러가는건가요?

@ㅇㅇMushroom. *16
  늙을수록 오히려 요구조건 늘어나는 이상한 현상.. 30대 노산주제에 요구조건이 20대때 보다 늘어남 ㄷㄷ

@NightEast *1
남의 권리, 희생 하는 부분을 같이 챙기면서
자기 권리를 주장하고 희생을 알아달라 해야지
남녀 문제건 세대 문제건 계층 문제건
대부분 모든 사회문제들은 이게 안 되서 갈등이 심화되는거

@vive77 *3
그 개그우먼 여자도 남친이랑 헤어진 거 봐 봐요ㅎㅎ

@qwp-lo9qr *3
한국 여자와 잘 살려면 내가 바보가 되어야 함🥺

@zefiro1004 *1
한국 여자는 의무는 하지 않고 권리는 다 챙기려고 하는데, 그기다 말도 안되는 개막장 짓을 하니...

@영ㅇ-t4c *2
한국 여자가 갈수록 결혼 기피 대상이 되고있는 현실..물론 좋은 한국 여자들도 많지만 안 그런 한국 여자가 훨씬더많은듯.. 좀 이쁘장하게 생겼다 싶으면 전부 성형에..본인 스펙에 비해 상대방한테 너무 많은걸 요구함..

@ahnse89 *15
일단 지금 20~30 한국 여자들은 애초에 잘 못 컷

음.
어릴 때 부터 레이디퍼스트니 딸바보니 하면서 애지중지 큰 애들이라
   하나 같이 지밖에 모름. 그리고 바람도 ㅈㄴ 핌.

@rino9966 *2
   예전엔 한국 여자가 외국 남자랑 결혼하면 그여자를 안 좋은 시선으로 보는게 있었는데
요즘은 그 외국 남자에게 미안한 마음이 듬

@unknown-1596-H.D *9
   이게 사실이지만 성별 세대 갈라치는 영상에 빠지는 거 조심해야 하긴 해요

@222.22-p *2
한국 여자들은 서양 남자들이랑 결혼 했으면 좋겠다.

@ㅇㅇㅇㅇㅇㅇ마오 *8
ㅋㅋㅋㅋㅋ 피해자모임ㅋㅋㅋ 표현력 지리네 ㅋㅋㅋ

@JeungTV ★3
중국 여자=한국 여자

@에메랄드소드 ★1
  100퍼 공감함 한국 여자들은 뭐 뭐 해주라, 지 속마음까지 알아줘야 하고 데이트도 남자들이 한국 여자들 어딜 갈지 속마음까지 알아서 짜야함 밥 먹는 것도 지 맘에 안 들면 돌려깜 말하라고 해도 어떻게 내 마음 몰라 이딴 개 소릴 하고 있음

@1111-h5f ★5
  마지막 말이 너무 슬프다. 그래 물론 한국 남자들 못 미덥고 무책임하고 제멋대로인 쓰레기들도 많지만, 나름 인간답게 살려고 아둥바둥 살아가는 와중에도 사회에서 '한국 남자'로서 자리매김하기 위해 책임감을 가지고 내색 않고 버티며 살아가는 이들도 많다. 그들이 큰 것 바라는 것 같나.. 단지 집에서 대우받고 안식하고 존중받고.. 내 어깨에 짊어진 책임이 허상처럼 무너지는 좌절이 아니라, 정말 내 소중한 사람들에

게 뜻깊고 가치 있는 '가정의 유의미한 영향력'을 끼치길 바라면서 하루를 버티는건데..
남자들이 여자 마음 몰라주는 것도 맞는 말이다. 우리 두 성별이 서로서로를 잘 알아줘야 하는게 맞다. 그런데 내가 남자로 살아보니 특히나 남자는 어디에 하소연할 창구도 없다. 삶은 경주처럼 팍팍하고 마음적으로 쉽사리 터놓지도 의지하지도 못하는 바보들이다. 여자들아 책임감가지고 열심히 사는 남자 정도라면 무시하지말고 잘 보듬어줘라 내색을 못해서 그렇지 항상 지치고 고되게 미련한게 남자다.

@kbbong7
피해자모임 ㅋㅋㅋㅋ

@SunLik2 *1
　희생할 줄 아는 한국 남자와 희생을 알고 고마워하는 일본 여자
@user-hb9cp8cs5i *3
　한국 여자 너무 표독스러움 국민성인가.

@ㅇ릴-z1f
　제발 한국 여자가 헤어지자고 했다고 살인하지 말고 외국 여자 만나라ㅜㅜ =6

@ㅇ충 *1
　서로 까는걸 원하진 않지만, 일단 국제결혼에 대한 인식이 긍정적인 방향으로 흘러가는 거 같아 보기 좋습니다. 선택지 하나만 놓고 강제 될 때보다 덜 갑갑하고 여유가 생기네요

@vallow1348 *6
진짜 거짓말 안 하고 5년 후의 대한민국 개판되어 있을거다
@ㅇㅇㅇ로우-m8y *11
　근데 착각하지마라 우리한테 인기가 있다는게 아니다... 잘생기고 그런 남자 얘기중... 이건 다 똑같다

@users.8쎄라 *6
　애 낳아 줬잖아~~~, 이 문맥으로 더이상 할 말이

없다.

@박ㅇ진-t9p *47
　한국 여자 남자 이혼율 50퍼가 넘은지 오래인데 왜 계속 줄이지?

@Shinjunho1000 *1
　피해자 모임. 맞는 말이네 ㅋㅋㅋ 진짜 와 닿는구만

@남ㅇ른 *1
　와 대박이다 이혼율로 보니까 확 와닿네
@1fire202 *43
　예전부터 일본 여자는 결혼 상대로 전세계에서 등급이 높다.. 1990년대 서양에서도 BMW를 타고 일본 여자와 결혼한 남자가 성공한 남자를 상징했다.. 미국에서도 한국 여자는 중국 여자들처럼 거칠다고 보는 편이다.

@ㅇ루-k5c *2
 사실 최근에 두 명의 한국 여자한테 당하고 느꼈습니다. 일본으로 가야겠다구요
여행 가서 짐 시다랑 고기굽는걸 제가 하는게 당연하다고 하더군요. 그 종족들은..
분명 저는 운전만 한다고 했는데.

@srs6743 *5
아니 줜내 웃긴 포인트가 뭐냐면 일본 남자랑 한국 여자 이혼률은 뭐길래 저리 높게 나오는거여 ㅋㅋㅋ 저 정도면 사실상 일본 남자와 한국 여자는 맞지 않다고 일반화해도 되는 수준임 ㅋ

@ㅇㅇ드립 *4
 전업주부가 독박육아 운운할 때부터 이미 쫑났다

@brightpencil-goldletter *1
 한국 여자 중에 이런 여자는 금방 결혼함. 귀하다는 얘기지. 살아보면 안다. 누가 좋은 여자인지.

@ㅇ니-MagicLamp *10
좀 이상한데?? 그럼 한국 여자가 문제라는 거야??

@ㅇㅇㅇ국-n7c *2
　한국 남자는 군입대부터 나라와 사회에 책임감을 갖고 산다.
　한국 여자는 그걸 고마워하기는커녕 외국 남자들에게 똑같은 권리를 바라니 받아줄 사람이 없는 것임

@조ㅇ재-i5v *2
　모두 아시겠지만 여자들끼리 있으면 남편욕 엄청합니다 그리고 그게 당연시 되었음 잘해준거 이야기하는건 한번도 못들음

@JHM-fd1qf *2
일본 여자랑 결혼한 한국 남자 유튜버들 영상 보면 일본 여자들 마인드가 확실하게 남편을 존중하는게 보임. 대신 만나기도 엄청나게 어렵다고 함.

@jerrylee979 *1
   기대고 의지하고 보호받으면서 감사할 줄 모르는게 한국 여자!
   남자의 호의는 당연한 권리인 줄 알고 기본적으로 해야 할 본인의 일을 무슨 대단한 희생인양 떠들며 받들어주길 바라는게 한국여자!

@chiwoo111
진짜 정답!입니다
한국 사람들 남자 여자를 떠나서 다른 사람의 시선을 많이 의식하죠!

@ㅇㅇ트리-h8p *1
다자녀 낳고 행복하게 사는 가정을 보여줘야되는데 Tv에서는 연예인들 돌x포맨 나혼자 산다 이런거나 방송하고 있으니 방송국부터 정신차려라!!

@chskrkfktlvkfkak *2
환상에서 깨어나시길~

@givemethe *1
　럴커를 피하는 방법은 여러 가지가 있다.
첫 번째 베슬을 띄운다. 하지만 베슬을 띄우기까지 많은 자원과 시간이 소요된다.
　두 번째 스캔을 뿌린다. 스캔을 뿌릴 수 있는 쿨타임이 있고 시간만 많으면 무한정 뿌릴 수 있지만 경험이 없어서 잘못된 곳에 뿌리면 어느새 가시가 내 몸에 박혀있다.
　세 번째 터렛을 짓는다. 스캔과 흡사하지만 더더욱 제한이 많다.
이처럼 럴커를 피할 수 있는 방법은 많지만 우리에게 주어진 자원과 시간은 소중하고 경험이 있으나 없으나 까딱하는 사이에 저 멀리서 날아오는 가시를 피하기에는 리스크가 많다
따라서, 제일 좋은 방법은 저그전을 하지 않는 것이다.

@ㅇㅇ바람-b3g *1
　와 이렇게 비정상적인 댓글밖에 없는게 신기함...몇

년부터 몇년까지의 이혼률로 땡~~!!! 하면 정확한 통계가 나오는 줄 아나보구나...

@username-5948 *1
　피해자 모임ㅋㅋㅋ 그렇게 프레임 씌워놓고 욕하고 싶은데 결국 그 피해자들이 더 행복함ㅋㅋㅋ 그게 더 눈꼴시려서 더 욕하겠지? 난 한남일녀 커플 부부 응원한다. 남들 눈에 행복한건 의미없다. 남들눈에 어찌됐건 니들이 행복하면 그게 위너다.

@PatrickStar-xk7zs *2
이혼율
한남 & 한녀 = 40%
일남 & 일녀 = 32%
일남 & 한녀 = 60%
한남 & 일녀 = 10% 통계가 다 말해주네ㅋㅋ

@ㅇ스-j1y *1
진짜 요즘 시대가 변했다. 10년 전에는 한국 여자들

문제 많다고 말하면 스윗남들이 악플공격 오지게 했었는데....

@ㅇ제-h7b *2
피해자 모임이래 ㅠㅋㅋㅋㅋ

@ㅇㅇ스터 - 미국 여성과 18년째 살고 있어요. 만족합니다.
후배들이여~~세상은 넓고 여자는 많다!!😊😊

@shinrobin6092
ㅎㅎ 마지막 멘트에 빵터짐

@ㅇㅇ우-d5l *1
한국 여성분들의 국결을 응원합니다.

@차ㅇ훈-w6i *1
일본 여성도 질 안좋은 사람은 많지만, 대부분 정상적인 일 하는 여성분들 보면 정말 결혼하고 싶어질 정도로 호감가게 행동함.

@bururumuni ＊1
  일본 여자뿐 아니라 해외 많은 국가 여자들이 상대방의 노력을 존중해준다 기브 앤 테이크가 정석임

@teameras-kimjs9719
한국 여자 : 남자를 강하게 만듬
일본 여자 : 있는 그대로 존중함 =1

@ㅇㅇㅇㅇ말포이-c7ㅣ ＊2
  우리는 결혼한 아버지가 어떻게 살았는지 생생하게 보고 자랐다.

@97exitmusic ＊2
  나는 제일 이상한 관념이 애를 낳아줬다고 생각하는거…정말 조선시대 유교문화는 극혐하면서 정작 가장 조선시대 스런 생각이 박혀있음.

@filajungwon *1
❤남자든 여자든 국결이답❤

@UScom-m3k *1
　이혼에 관련된 매체를 보면 공통적으로 서로 대한 배려가 1도 없다는게 느껴짐 맞벌이를 하든 안 하든 상대가 나를 위해 이렇게 고생하고 배려해주는구나 라는 인식이 아니라 그냥 당연하게 내가 받는 권리로 여기는 것 같음 또한 부수적으로 엉망인 경제관임 버는 것에 비해 소비가 너무 심함

@sttens123
배려, 존중, 감사, 행복

@dhkim4795 *2
일본 여자 : 같이 하.자
한국 여자 : 니가 해.줘

@newretro1232 *1
전문가도 이해했어.
남자들아 이제는 진짜 권장수준이야!
일본 가서 이쁘고 착한 일본여성분을 모셔오자~!!❤

@예스ㅇㅇㅇ두 *1
일본여자가 대부분 가정적이다 아이 잘 돌보고 남편 밥 잘챙겨주고 내조 잘하고 그런 가정이면 한국 남성도 가족을 위해 본인의 모든걸 희생할수 있지.

@ㅇㅇ중사 *2
일본 여성 ― 남편 우대
한국 여자 ― 남편 하대 (애완생물 밑 서열)

@JHK-vh2rm *1
　열심히 하고 있는 남자 한테 잘 한다 잘 한다 칭찬하면 더 열심히 하는데, 남들 봐라 넌 왜 이거 밖에 못하냐 이런 소리 하는 여자는 참 어리석기 그지없다. 결국 제 살 깎아 먹는 짓임.

@김ㅇ환-s4y *2
　존나 웃긴게 너는 소중하단다 이지랄하면서 존중 받고 큰 세대가 남을 제일 존중 안 함ㅋㅋ

@ㅇㅇ리-y1j
　일본 여자분들 참 좋네... 고생과 희생을 알아준다는 거잖아

@이ㅇ학-l3j
　이제 이런 영상 관심이 없어졌어요 이미 외국인과 사귀고 있어서요.. 왜냐면 나 같은 한남이 한국 여자 만나기는 힘들 것 같더라구요 워낙에 눈이 높아서 다들 행복하세요☺

@압ㅇㅇ인 *2
　피해자모임ㅋㅋ 한국 여자와 일본 남자 이혼율이 이를 설명...

@timelinetimer
　배려와 존중이 있는 사람이 좋지. 일 끝내고 왔을 때 서로 '고생했어' 한마디 해줄 수 있는 관계. 일본 여자든 한국 여자든 그렇게 해줄 수 있는 성숙한 사람이 좋은거지

@조ㅇ스
　피해자 모임이란 표현 ㅈㄴ 와닿는다...

@ㅇㅇKongGa *2
　애초에 왜 남한테 보여줄려고 사는 삶을 사는거야 ㅈㄴ 노이해;;; 자신의 삶을 즐겁게 살아도 부족한 인생인데 에휴.. 이해 못하겠다

@ㅇ짜-h4q
　결혼은 진정한 사랑을 이루어가는 것이고 여기에 필요하고 만들어지는 덕목은 존중, 감사, 희생

@sase12sd
　한국 여자와 한국 남자 이혼율에 베트남 여자도 끼여 있는게 함정ㅋㅋㅋ 국적 취득하면 한국 여자로 분류된다 함

@ㅇ공-j2l
　기싸움이 문제지. 화가나도 판단력정도는 남아있음. 문제는 내뱉으면 안 될 말도 기분 상했다고 내뱉으니 문제인 거지

@기리-k2o *1
　그니까 통계적으로 봤을때 한국 여자가 제일 문제라는 소리네

@천ㅇㅇㅇ이
　최고네 재패니

@llk8724
　희생을 하는 한국 남자와 그 희생을 고마워하고 대

우해주는 일본 여자는 천생연분임.

@이ㅇ현-g5e *1
　일본 남자랑 한국 여자는 ㄹㅇ 맞을 수가 없는게
　일본 남자가 지금까지 살면서 봤던 '아내'라는 역할은 밥은 물론이고 설거지 청소 같은 집안일을 다 하는 사람임
　근데 한국에서는? 어 퇴근했어? 분리수거좀.
　저녁 설거지는 너가 해, 주말인데 청소, 빨래 좀 하자. 이러는 게 요즘 한국 여자인데 일본 남자는 당연히 어이가 없고 본인의 상식이랑 너무 다르니까 서로 ㅈㄴ 싸우고 스트레스받는 거지

@김ㅇ우-x5v
　이런 영상에 무조껀 긁히지 말고 인정할건 인정하자

@mdicrph *2
　결혼한지 오래 된 남자로써, 다시 인생을 살 기회가

주어진다면, 한국 여자와 결혼은 안하는 것으로……

@Clos5098
  굉장히 당연하게 '권리 주장'이라고 하는데 권리라는 건 자신이 응당 누려야 하는 것을 권리라고 하는 거고, 사실상 자신의 권리를 넘어선 터무니 없는 요구를 하니까 문제가 생기는 거지.

@ㅇㅇㅇㅇ고독-y7q
  세계에서 제일 매너좋고 착하고 책임감 강하고 멋진 남자가 대한민국 남자임.

@ㅇㅇ죠-h4l
  피해자들의 만남이 아니라 원래 서로 존중하고 배려하며 사랑하는 게 당연한 거지!!

@ㅇㅇㅇ후레쉬-i8z
  더운 날씨에 고생했다 밥 차렸으니 밥 먹어 칭찬 잘해주고 내 얘기에 리액션 좋으면

사랑스럽지 않을수가 있나

@Boxer_Sgym *2
　한국 남자의 결혼에 대한 최고의 선택 :
일본 여자와 결혼하던가, 아님 혼자 살던가

@kimgo51 *1
　한한이라하자면,
흠
5명이 헬기에서 낙하 훈련을 하는데
이미 두 명의 낙하산은 고장 나 있는데
뛰어내리는 것과 같습니다.

@younker3
　짐심으로 공감되는 댓글들이 많네요.

@user-un7pt9sr9d *1
　한국 여성분들이 이 영상을 보고 배우는게 있으면
좋겠다.

@LofiMan-l6v *2
물질적인걸 바라는건 이해하지만 결혼 후부터 한국 여자들은 남자를 통제하려고 함 잔소리 듣다 듣다 폭발해 버리고 이혼하는 경우 많음

@Whyrano_9
한국 남자 한국 여자 이혼율 40이상
일본 남자 한국 여자　　　//.　60이상
한국 남자 일본 여자.　　//.　10　ㅋㅋㅋㅋ
한국 여자는 대체 어떤존재인거야

@16ㅇㅇㅇ
이제 누가 범인인지 찾아보자...

@도ㅇㅇ인
　한일간 혼인이 늘어나면 서로 이해도 깊어지고 더 가까워질 것 같습니다.
　언어학적,인종학적으로 볼때 가장 가까운 나라가 일본입니다. 한일 커플 늘어나 서로 다투지 않고 잘 살

았으면 좋겠습니다.

@ㅇ카-y9b *1
    마음대로 살아온 댓가이고 마음대로 살면 됨
@nazz1001
    이미 많은 기회가 있었음에도, 그 상대를 택한 것은 본인이라는 사실을 잊으면 안 됩니다.
    이혼율 누구탓? 할 때, 나의 통찰력이 부족하여 그런 상대를 고른 나의 탓도 큰 것입니다.

@사ㅇㅇㅇㅇ이비 *1
해줘 버릇이 낳은 결과.
아빠 해줘
오빠 해줘
여보 해줘
아들 해줘

@남ㅇㅇ형-o1i *1
    국산은 거르는게 맞지, 국결 해

안되면 그냥 혼자 살아라. 후회하지 말고...ㅜㅜ

@user-fv1yn2yr1u
지금 일본 와이프와 10년째 잘 살고있습니다. 모든 면에서 저를 위해 생각해 줍니다. 오늘도 고생했다고 매번 말해주고 사소한 거 다 챙겨주고 집에 들어갈 때도 자기가 늦게 들어가고 신발 정리까지 해줍니다..

@9oogle-com *2
남들보다 남들만큼 비교하는 삶을 사는 게 피곤한 거지

@uribury871 *1
한국에서 좋은 신랑이면 일본에서 한국과 비교할 때 좋은 신부를 얻을 수 있다는 이야기.

@김ㅇ근-q5g
51세 독거 노인입니다.
2024년 9월에 퇴사 했구요.

2024년도 연봉은 올해까지는 비밀 유지해야 합니다.

참고로 2023년도 세후 수령액은 7300만 이었습니다. 태국에 3개월 한국 1개월씩 지내면서 놀고 있어요. 완전 행복합니다.

아주 가끔 친구들 중에 대학생 자식들보니 아 내가 승자구나 합니다.

3명이서 모여 삼겹살 먹는거도 부담스러워 하는거 보니 그렇다고 내가 돈 다 내진 않습니다.

@문ㅇ훈-i6m *2
통계와 숫자는 거짓말 안하지 암

@hunny0811
우리나라는 가정을 위해 가정의 행복을 위하는게 아니라 본인의 행복이 우선이기 때문에 문제임. 보여지는걸 엄청 중요함

@ㅇ오-l2l *1
그들의 실체가 드러나고 있다. 허영심가득하고, 자

기가 재벌 2세인줄 안다.
비교질은 끝이 없고 이용할 생각만 하는 그들
너의 자원만 끊임없이 요구하고 너의 이용가치가 떨어지면 너는 버림받을 것이다.
  너는 그들의 무한한 허영심을 절대 채워줄 수 없다.
너는 끝내 공허감만 남을 뿐이다.
이것이 현실이다. 일본인 하고 사는게 정신건강에 이롭다.

@잡ㅇㅇ전문 *1
  한국 남자 전체 국제결혼 10퍼 정도가 이혼함 그 정도로 안정적임 4년 이하는 6퍼 수준

@이ㅇ기-e9l
  25년차 커플
결혼생활 중 돈 문제로 싸운적 단 1도 없음
진짜 퇴근하고 집 가기 싫다는 동료들이 이해가 안감
  마음이 편합니다 100% 이해해주는건 아니지만
바깥에서 돌아 온 사람 위로해주고 배려해주는건 인

정

@ㅇ뉴-x9w *1
　한국 여자랑 결혼은 폭등은 없고 반토막 날 확률 50% 종목에 재산 올인하는 코인투자랑 비슷하네.

@On_Marm
　결혼뿐만 아니라 모든 부분에서 한국 여성은
'나는 피해자. 받아야 하는 존재. 때문에 감사는 없음'
이 마인드라서 꺼리는거지
본인이 잘못했어도 어떻게든 쌍방으로 몰고감

@RyuJiw0n *2
　여자는 30세만 넘어도 남성호르몬이 나오면서 어깨가 벌어지고 성격이 남자처럼 변함. 괜히 아줌마를 제3의 성이라고 하는게 아님. 요즘 초혼 연령이 30세가 넘어가는데 잘 생각하길. 후회하지 말고 국제결혼은 보통 20대에 가능하니까

@개ㅇㅇ야 *1
　한국 여자는 솔직히 배려와 양보, 사소한 것에 대한 고마운 마음이 없어지는 게 가면 갈수록 당연시되고 있는 듯?

@ㅇ-q9f *2
　제일 중요한 건 30살 넘어서도 결혼 못 한 여자는 100퍼 하자 있어서 믿게 해야 함 ㅋㅋ빅데이터임

　@ㅇ윽 *1
　스타 테란주종 전 프로도 못막는 스탑럴커...

@냐옹선생-z5w
　서로 고마워해야 하는데, 당연하게 여기는 순간 상처 주는 거지.

@user-gn7wx4jo7m
　저 이혼율을 보면 한국 여성은 국내건 국결이건 이혼 률이 55퍼가 넘네 싀ㅂ 한국 남자가 왜 일본 여자

선호하는지 이해했다.

@피스피스-p7p
   이혼률이 40퍼가 넘는다니.. 내 주변에 두 명 중 한 명은 이혼이라는 소리 급인데 직장에 10명이 있어도 5명 이혼은 말도 안 되는 통계

@eeefff4596 *1
100% 공감 일본 여자 -남편은 하늘임
@ㅇㅇ-u3r *1
   불변이 있죠. 책임감 없는 사람은 결과가 좋을 수가 없음

@ㅇㅇ에이
   결혼 이야기하시는 조부모님도 조 부모님, 부모님 세대 서로 희생하셨던 거랑 요즘 꼴 비교해서 말하면 납득하심...

@LANCEdanjang
   일본 여자에 대해서 잘 알진 못하지만 피해자모임이라는 말이 왜 이렇게 와닿냐..

@gorillra
   드센게 문제가 아니고 권리 주장도 문제가 아니라 그냥 그 주장에 합리성이 결여 되서 그걸 지적해도 받아들이지 않는 게 문제임.

@eeefff4596
   한국 여자 반성해라!!! 너무 드세. 잔소리 엄청 많이 함 누가 데리꼬 사냐고~~ 반성해야
(중략)

   이상의 것은 '일본 여자가 한국의 결혼 시장에서 핫한 이유'라는 쇼츠의 내용이었다.

유튜브 쇼츠 영상 2:
'진짜 사랑을 찾아 떠나는 사람들'

 2024년 대비 2025년에 40%가 일본 여와 결혼한 자료가 있다. 한국 여자들이 잘 못 된 포르노(연속극)에 중독된 폐해로 한국 여자들이 망상에 잡혀 있다는 증거들이 드러났다는 평이다. 독자들이 판단하기 바란다. −일부 댓글 수를 썼다.

 내용 등을 보니; 그녀들은 집, 차 없어도 된다. 성격과 외모가 어떠해도 상관없다고 한다. 좋은 직장이 아니어도 된다고 생각하는 일본 여자가 대부분이라는 것이다. 비교가 안 되는 한국 여자와의 의식구조가 일본 여자를 만나야 한다는 결론에 도달하게 된다는 주장도 한다. 그녀들에게 있어 한국 남자와의 결혼 만족도가 대단히 높아졌다는 방송도 있었기 때문이다.
 예의 바르고, 따뜻하고, 교양 있고 남성을 빛나게 하는 일본 여자는 한국 여자와 비교할 수가 없다는 것이 일본 여자와 결혼한 모든 남자가 하는 이야기라는 표현도 했다.

이 자료도 거의 한자도 고치지 않았다. 모음이 틀린 것을 몇 개 고쳤고 띄어 쓰는 정도를 넘어 여러 칸을 띄운 것은 바로 잡았지만, 모두를 그렇게 한 것이 아니다. '날것' 그대로 복사해서 붙였다. 강요 없이 관심 있는 사람들이 들어와 글을 남겼다. 날것 그대로의 통계다. 객관적인 눈을 떠라. 사실을 근거해서 판단하고 견해도 남기는 것이다. 공작에 넘어가지 말라. 거짓에 속지 말라. 우리의 미래가 이 글에 넘쳐난다. 그리고 일방적이다. 그렇다면 결론이 난 것 아닌가!
주제를 기억하시고 읽어주시기 바란다.

@ㅇㅇ대-h1r *176
이거 일시적 현상인 줄 알았는데 진짜네 👀 더욱 대두될 듯, 다른 한일 커플 영상 보면 이쁘긴 함. 마인드는 더욱 그렇고, 잘 살거임 👍

@useryoutubedeceivedme *3.1천
주식이든 연애든 국장 고집하지 마라.

@ironnolegs9008 *376
일본 여자: 돈 벌어서 우리 애 낳고 살자
한국 여자: 돈 벌어와, 그럼 애 낳아 줄 게

@snist.artsniper *31
진짜...많은 걸 바라는 거 아니고 그냥 매 순간 응원만 해줘도 다 해줄텐데..뭐든 당연하다는 듯이 생각하니 지치지

@ㅇㅇ이-l2z *1.5천
일본 여자ㅡ말은안통하는데 대화가통함

한국 여자ㅡ말은통하는데 대화가안통함

@황ㅇ순-u1r *170
ㅋㅋㅋㅋ 이해 감..
나도 아들 한테..외국여자도 괜찮다..아니 오히려 좋다..말해 줬음

@IMCM-k5x *1만
일본 여자 : 우리 행복하게 살자.
한국 여자 : 날 행복하게 해봐. -답글 340개

@longdeep * 21
　sns,K드라마,여가부 등등
한국 사회 자체가 그렇게 만들고 있음

@koknnom *451
우리나라 여자들은 사랑을 찾는게 아님. 노후 대비를 위한 돈줄을 찾는 거지 -답글 11개

@gears6972 *3.5천

이거 거의 10년도 전부터 유명했던 베플인데
서양 여자랑 데이트하면 정말 잘 논 느낌
일본 여자랑 데이트하면 정말 잘 쉰 느낌
한국 여자랑 데이트하면 야근한 느낌
서양 여자랑 결혼하면 든든한 동반자를 얻은 느낌
일본 여자랑 결혼하면 똑똑한 비서를 얻은 느낌
한국 여자랑 결혼하면 끊임없이 독촉하는 사채 -답글 91개

@Bestenlol *6.8천

　35살 치과의사 입니다. 만난 지 3개월 만에 결혼 얘기 꺼내면서 숨 막히게 하는 한국 여성분, 놀건 다 놀고 저한테 설거지 맡기려고 하는게 티가나서 헤어지고, 대학 동기 소개로 대학원 다니는 일본 여성분 소개받아서 2년 연애하고 올해 12월에 결혼합니다.
-답글 334개

@sfg1013 *78
  나이가 40이 넘었는데 만나자마자 물어보는 게 연봉 정년 집 어디 사는지. 그게 진짠지 검증도 하고 진짜인지 알면 마구 매달리고 그 전까지는 거리 두고 -답글 4개

@REIJI5 *111
  어쩌다 한국이 이렇게 되었을까 😨
-답글 8개

@UI_ui_UI_ui *2.9천
반대로 한국 여자랑 타국 남성 이혼율은 폭증하는중 ㅋㅋㅋㅋ -답글 69개

@YT-II8ns *1.5천
  한국 여자는 받는 걸 너무 당연하게 생각함
밥 사줘도 잘 먹었다 고맙다는 얘기를 안 하는 여자가 태반임 -답글 39개

@actiongamen *150

 일본 국결 22년차 아재입니다.
현재 오사카지역 거주중입니다.
나 모아 논 돈 없어요.
나 전세 집도 없어요.
나 직업도 변변치 않아요.

뭐 요즘 사람들 대부분 이런 생각을 갖고
처음부터 포기하시는 거 많이 봤는데요.

그래도 포기하지 마세요.
저는 와이프랑 결혼할 때
식 안 올렸습니다.
결혼반지도 없어요.
웨딩포토? 그게 뭐죠?
월세방이요? 그건 누가 공짜로 주나요?
1년동안 처가살이 했습니다.

그래도 지금은

내 명의로 된 조그만 아파트 있고
승차감은 벤츠 못지않은
뒷좌석 넓은 경차도 있고
유럽 미국까지는 아니어도
동남아 쪽은 가끔씩 여행도 가고
그렇게 삽니다. -답글 15개

@ㅇㅇ리-z2o *240
고마워할 줄 안다는 것이 경쟁력입니다. -답글 5개

@liveforever1469 *251
　잘 해주기만 해도 매력 없다. ㅇㅈㄹ하는 곳은
한국 여자가 유일함ㅋㅋㅋㅋ -답글 6개

@IMCM-k5x *471
　근데 일본도 조건 본다 어쩐다 하는데 다 상관없고
기본 마인드가 달라서 그래. 행복해질 준비가 된 여자
와 날 행복하게 만들어 봐라고 하는 여자의 차이....
ㄷㄷㄷ -답글 6개

@factman491 ＊160
한국 남자 한국 여자 이혼률 높음
한국 남자 일본 여자 이혼률 낮음
일본 남자 한국 여자 이혼률 높음
범인이 누군지 바로 보이잖아 -답글 5개

@조ㅇ모_jomomo ＊1천
올해 결혼한 한일 부부입니다!
오늘 하루만 해도 고맙다는 말을 8번 들었네요. 사소한 거에 고마워하니 더 잘 챙겨주고 싶어집니다. -답글 36개

@junyounghong7735 ＊3천8백
　6살 연하 일본인 여자 친구와 내년 4월 결혼 예정입니다.
　다음 주에 혼인신고 할 예정이구요. 일본은 결혼 전에 혼인신고부터 하는게 보통이라네요.
중학교 음악 선생님인데, 일본의 생활 모든 걸 희생하고 한국으로 와준다고 하네요. 너무 고맙고 예쁩니다.

한국 와서도 취직하겠다고 강하게 말하네요. 제가 적응기간동안 쉬어도 된다고 해도 집에 있으면 심심하다고 무조건 맞벌이 하겠대요. 일본은 맞벌이가 보통이라면서 ㅎ
이번에 세종 변두리에 신축 아파트 24평 전세로 알아보는데, 무리하지 말자고 원룸에서 월세로 시작하자고.. 부모님도 단칸방에서 시작하셨다면서 ㅎㅎ... 항상 저한테 고맙다고 말해줘서 행복합니다.

일본에서 만났어요. 혼자 초밥집에서 슬쩍 말걸어서 인스타 교환한게 시작이었네요. 그때 여자 친구는 대학원 막바지였고 연주회 마치고 친구랑 스시집 온거였어요. 둘이 대화하는게 들리길래 "피아노 치세요? 저희 어머니가 피아노 선생님인데. 반갑네요" 이런 드립으로 말걸었어요 ㅋㅋㅋ
JLPT N2정도만 되어도 일상대화 문제없어요. 일본어 공부 추천드립니다. 댓글 수정하는 지금 시점에는 일본에서 혼인신고 완료했습니다. -답글 261개

@장ㅇ찬-f9l *341
　한국 남자들이 점점 현명해지고 있다는 사실. -답글 1개

@성ㅇ홍-v2w
　고마워할 줄 안다는건,, 심성이 올바르다는것

@오ㅇㅇㅇC당 *268
　글로벌시대에 꼭 한국 사람끼리만 결혼하란법 없으므로 괜찮다.
저분들이 인구 늘려주는 진짜 애국자들이지. -답글 1개

@하ㅇ성-l3r
일녀: 같이 사는 느낌
한녀: 모시고 사는 느낌. -답글 7개

@scottkim2615 *203
　알고 보면 남자가 더 순수한 사랑 찾는 듯
-답글 10개

@ㅇㅇ공-j6d *94

  일본 여자랑 결혼해서 산 지가 22년째 됩니다. 한국 여자 많이 만났는데 연애만 하다가 결혼은 못 했죠. 결혼 못 한 이유가 나는 좋은데 미래가 안 보인다는 말이 많았어요😨 뭐 당시 좋은 직장에 다니지 못하는 지방국립대 출신이었으니까요,,, 그러던 중 외삼촌이 일본에서 사업을 하시는데, 와서 좀 도우라고 하셔서 일본에 갔다가 일본여성 알게 되어 연애하다가 결혼했죠,,,

  결론만 말하면 일본 여자 마인드가 동반자의 개념이 강하지 한국 여자처럼 돈돈돈,,, 학벌학벌,,,, 아파트아파트,,, 이러지는 않습니다. 물론 한국 여성들 중에서도 남자가 좋으면 이것저것 안 따지고 동반자의 마인드로 결혼하는 여자도 있지만 흔하지 않고,,, 일본 여자랑 가능하면 결혼하세요. 후회 없습니다.

@이ㅇ범-t7l *2.5천

  어느 댓글 중에
일본 여자: 남편을 배려한다

한국 여자: 남편을 베려한다 -답글 76개

@Gorefeast0 *62
퐁퐁론 도축론 이런것까지 가지 않아도
만나면 끊임없이 시험하고 기싸움 하는
그 느낌이 너무 피곤하다 -답글 1개

@kalo8013 *183
　일본 3년 차고 일본 여친 있음
차 태워 줄 때마다 항상 운전해 줘서 고맙다,미안하다 입에 달고 살고 밥 사주려 하는거 보면 귀여워 죽겠다…. -답글 5개

@minikiodak6551 *1
　결국 그냥 서로서로 해 주는거에 감사하고 원하는게 있으면 대화해서 맞춰나가고… 그런게 중요한듯 하네요. 돈이 분명 중요하지만 대부분은 그렇게 넉넉하게 버는게 아니니까

@박ㅇ규-c9u *700
   진지하게 러시아도 고려해 볼만함 중요한 건 한반도를 벗어나야 하는거임 -답글 34개

@homanhan2261 *119
일본 여자: 고마워요!
한국 여자: 고마워해! -0답글 6개

@snp_0 *1.1천
   일단 한국 남자라면 국제결혼은 선택이 아닌 필수임 ㅇㅇ
김병만, 김민제 이런 사람들은 바보라서 당한 줄 아나? 작정하고 스탑럴커 짓 하면 결혼하기 전까지 그 누구도 구분 못 함 -답글 23개

@caa5328 *1.2천
   20대 중반 남자인데
몇 일 전에 식당에서 지인들이랑 밥 먹는데
지인들이 너 여자 친구는 안 만드냐

결혼은 안 할거냐 물어봐서 내가
저는 일본 여자랑 국결 하고 싶다고 말 했는데
뒤에 테이블에 30대 여자들 있었는데
돌려 까면서 내 뒷담 하더라 ㅋㅋ
그거 보고 확신함 -답글 34개

@송ㅇ진-d8v *695
중국 여자: 나랑 결혼 하려면 돈 내놔 차이리
한국 여자: 나 좀 편하게 살게 돈 벌어와
일본 여자: 나도 벌면 되니 단칸방도 ㅇㅋ
-답글 18개

@mirrorspring5112 *24
한국 여자: 남편이 나에게 무엇을 해주는지 자랑함
일본 여자: 내가 남편에게 무엇을 해주는지 자랑함

@carygrant3984 *6
　결혼관이 바뀌어야 한다...결혼은 사랑의 결실이지 사업이 아니다...

@말ㅇㅇ우-t4t *847
　40, 50 아재들 월급 통장 다 뺏기고 용돈 25 받으면서 회사 그만 둔 아내한테 아침밥도 못 받아먹고 개처럼 일하는 거 주변에 뻔히 보이는데 ㅋㅋ
-답글 34개

@ㅇ혹-y8w *391
　어느센가 사소한 거에 "고마워" 이 한 소리 듣는게 힘들어졌고
사소한 거니깐 당연히 "해 줘야 하는거 아냐?"가 디폴트니깐
일본 여자에 눈이 돌아갈 수 밖에 없는 거지
-답글 5개

@tonybrown2983 *644
　일본 여자와 결혼 10년이 넘었습니다.
한국 여자들이 싫어서 일본 여자랑 결혼한 건 아니지만, 지금 와이프 덕분에 차이점이 실제로 많이 보이는 건 사실입니다.

늘 존중받고 존경받으며 나를 이렇게 신경 써 주는구나를 매일 느끼고 삽니다.

저는 추천 많이 합니다. -답글 12개

@june3001 *47
한국 여자랑 결혼했습니다. 7년 사귀고 했습니다. 이 여자랑 결혼한 이유는 말 한마디입니다. 오빠랑 단칸방에서 시작해도 상관 없다. 이 말 듣고 했습니다. 아니면 저도 국결하고 싶었을 겁니다. -답글 5개

@mm-zk7ph *31
어느 나라나 좋은 사람 나쁜 사람 있는거니 서로 잘 살펴보고 선택 하세요 ㅎㅎ
-답글 1개

@이ㅇ손-c5b *228
국결이 답이긴 하더라.
유럽 갔을때 한국처럼 때묻지 않고 순수한 여성들 생각보다 많은 거 보고 문화충격 먹었었다.

외모야 뭐 비교불가고.... ㅎㅎ

  동유럽 다녀오고 일주일간 한국 여자들이 여자로 안보였음;; -답글 7개

@metaphor5533 *22

  요즘 한국문화 좋아하고 한국어도 공부하는 일녀들이 엄청 많아짐. 거기에 서로 기본적인 영어도 하면서 남자도 일본어 조금씩 배워가면 소통에도 무리가 없음.

  문제는 일녀만이 아니라 베트남, 터키, 미국, 캐나다, 멕시코, 칠레, 호주, 독일, 프랑스, 영국, 이태리, 스페인, 러시아 등 한국남자와 외국녀 국제결혼이 폭발적으로 늘어나고 있음. 반면 한남한녀 결혼은 줄고 이혼은 꾸준히 증가 ㄷㄷㄷ

@jp_omakase *551

한국 여자 : 그 사람이 가진 것이 중요

그 외 여자 : 그 사람이 어떤지가 중요

-답글 19개

@모ㅇㅇ케-j3e *55
　지뢰밭도 운 좋으면 통과할 수 있겠지
근데 그 지뢰밭 자체를 가기 싫어서 풀밭을 걷는 거다

@user-wy3wf9rc7v *684
　일본 여자가 다 착한 건 아니죠. 하지만 적어도 일본 여자들은 고맙다 미안하다 한마디는 할 줄 알더라.
　아 맞다. 한국 여자들은 미안하다 죄송하다라는 말을 할 줄 모름. *단, 우리 어머니세대는 제외. -답글 21개

@l.y4135
　살아보면 쉽지 않은 것도 많지만 내 입장만 주장하지 않는다면 시간이 지날수록 좋은 느낌,,

@go-tq4ox *18
　누가 예전에 이렇게 말하던데
미국인 아내:친구

러시아인 아내:누님
일본인 아내:아내
한국인 아내:직장 상사

@구ㅇㅇ탕-b8n *118
일본 여자가 바라는 것 : 사랑
한국 여자가 바라는 것 : 돈부터 시작

@모ㅇㅇ연애 *8
  상대를 배려하지 않으면 내 자신도 배려를 받을 수 없죠
@wadewilson9329 *3
  진짜 사랑의 개념을 가진 여자를 찾아 떠나는 것

@ㅇ이-q3j *87
  우리 와이프 터키인인데 연애 때부터 지금까지 항상 느끼는 게 내가 한국에서 얼마나 가스라이팅 당하고 있었는지 깨닫게 됨
  '내가 진짜 안 해줘도 괜찮은건가?'

'내가 이걸 했어야 되지 않나?'
하는 이상한 걱정? 강박? 같은 게 느껴졌었음.

   어느 순간 '내 호의가 언제부터 의무가 되었나' 느끼게 됐고 진짜 조건 없는 사랑이 뭔지 차츰차츰 느끼고 또 배워가는 중임

   나를 나로써 사랑해주는 우리 와이프 때문에 하루하루가 너무 행복함 -답글 6개

@ㅇㅇ터-c2z *69
   93년생 한국 남자입니다. 95년생 일본 여성과 장거리 연애한 지 8개월째고 올 9월 양가 부모님 상견례합니다! 제가 일본에서 돈을 벌 수가 없어 한국에서 살기로 했습니다! 저는 연애 기간이 8개월로 비교적 짧고 모든 일본 여성이 이럴지는 모르겠지만 장거리임에도 불구하고 너무너무 좋은 사람이라는 게 느껴지고 이 여자라면 평생을 함께할 수 있겠다는 확신이 생겼습니다. 정말 착하고 배려심 있고 남자를 존중해 주고 고마움을 표현해 주는 것에 반했습니다 (근데 화나면 매우 무섭습니다) 여러모로 한국 여성과는 많이

다릅니다… 잘살아보겠습니다! -답글 6개

@compromise-0516 *176

 24년 12월에 프로포즈하고 4월4일 일본측 혼인(입적)신고, 5월 24일에 한국에서 혼인신고를 마친 한일 신혼부부입니다.
 현재 F-6-1 결혼비자를 발급받아 마지막으로 외국인 등록만 앞두고 있는 상태로, 다음 달부터 동거를 합니다.

 22살부터 사회생활을 시작해 8년간 모아온 현금을 포함해 전 재산을 전세사기로 잃고, 은행 빚이 있는 상태로 지금도 갚아가고 있는데도 "나도 한국에서 아르바이트를 할테니까 함께 갚아 나가자"라는 말에 펑펑 울었었습니다.
 그리고 그녀를 생각해 원룸에서 투룸으로 이사를 했었는데, 고정지출도 줄이자며 계약기간이 끝나면 좀 더 저렴한 원룸으로 이사를 가자는 말에도 깊이 감동했습니다.

그녀는 저에게 있어 삶의 원동력이며 지탱해 주는 진정한 동반자라고 생각하며 매일매일 감사하며 지내고 있습니다.
그녀의 존재에 한없이 감사하고 있습니다. -답글 13개

@joshuae7082 *6
 한국 여성이 외국 여성보다 더 나을 때는 장인 장모가 돈 많은 집안일 경우만 나은 거지 그 외는 외국 여성이 경쟁력이 더 높아 보입니다.

@mat1984-f8f *34
 회사에 일본에 장기 거주 하셨다 오신 여성 직원분 두 분 계시는데 이 정도만 돼도 확실히 다릅니다.
 어떤게 다르냐면, SNS를 통해서 소통은 하되 비교하거나 거기서 자격지심을 가지거나 하지 않으세요.
 삶을 바라보는 마인드가 달라요
생활력도 강하시고요 -답글 2개

@고ㅇㅇ터 *67

미국 여성과 18년째 결혼생활 중인데 만족합니다 ❤

후배님들~세상은 넓고 여자는 많아요.

파이팅임다!! -답글 1개

@GreenMushroom. *218

표독스럽다.. 라는 표현이 너무 잘어울리는

한국.. -답글 9개

@니ㅇㅇㅇ니-c3o *573

중국 여자: 럴커1)

한국 여자: 스탑럴커2)

---

1) 스탑럴커는 스타크래프트의 '럴커' 전략에서 유래한 용어로, 결혼 전에는 자신의 성향이나 가치관을 숨기고 있다가 결혼이나 출산 등 결정적 순간에 본래의 모습을 드러내는 여성을 비유적으로 지칭한다. 주로 남초 커뮤니티에서 밈(유행어)으로 사용되며, '스탑러커론'이라는 이론과 함께 페미니즘, 과소비, 나태 등 부정적 성향을 가진 여성에 대한 비판적 맥락에서 쓰인다.-네이버
2) 스탑럴커론의 핵심은 이겁니다. 연애할 때 : 순하고 이해심 많은 여성으로 행동. 결혼 후 : 페미니스트 본색 드러내며 완전히 다른 사람으로 돌변

일본 여자: 메딕[3] -답글 29개

@sbh-ㅇㅇ미래
  나라를 떠나서. 고마워. 미안해.를 말할 줄 아는 사람 만나세요. 상대의 입장을 배려할 줄아는 사람 만나세요. 말과 행동이 일치하는 사람 만나세요.

@ㅇㅇ이샘 *1.5천
  일본 여자가 무조건 정답은 아니나
한국 여자는 무조건 오답이다. -답글 46개

    마치 스타크래프트의 럴커가 땅속에 숨어있다가 갑자기 공격하는 것과 똑같다고 해서 게임용어로 돌려까기가 되어 버린... "설마 이런 일이 진짜 있겠어?" 라고 생각하시는 분들... 죄송하지만 현실은 더 충격적입니다.
    -이거모르고 결혼하면 인생 망한다! 남초 vs 여초 결혼대전-작성자 오영은
3) '메딕'은 의료인, 의무병 등 의료 관련 종사자를 통칭하는 말입니다. 군대에서는 의무병을, 게임에서는 유닛이나 직업의 명칭으로 자주 사용되며, 의사, 의대생, 준의료 활동 종사자 등을 모두 포함하는 넓은 의미로 쓰입니다-구글

@CR7-c9u

　　일본 여자를 만나야 하는 이유 명언 모음집

일본 여자 : 잘못한 건 내 탓
한국 여자 : 잘못한 건 네 탓

일본 여자 : 결혼하면 같이 살아갈 생각을 함
한국 여자 : 결혼하면 나만 살아갈 생각을 함

일본 여자 : 널 만난 걸 감사하게 생각 함
한국 여자 : 날 만난 걸 감사하게 생각하라 함

일본 여자 : 언어는 안통하지만 마음이 통함
한국 여자 : 언어는 통하지만 마음이 안통함

일본 여자 : 결혼하고 출산하면 축복이라 생각함
한국 여자 : 결혼하고 출산하면 희생이라 생각함

일본 여자 : 니 돈은 내 돈 내 돈도 니돈
한국 여자 : 니 돈은 내 돈 내 돈도 내돈

일본 여자 : 사랑도 주는 여자
한국 여자 : 사랑만 받는 여자

일본 여자 : 우리 같이 미래를 함께하자
한국 여자 : 너만 보면 미래를 함께못해

일본 여자 : 너가 최고야
한국 여자 : 돈이 최고야

일본 여자 : 싸우고 헤어지면 속상해함
한국 여자 : 싸우고 헤어지면 속편해함

일본 여자 : 기념일만 되면 기뻐함
한국 여자 : 기념일만 되면 기대함

일본 여자 : 네 부모님도 우리 가족
한국 여자 : 내 부모님만 우리 가족
일본 여자 : 몸 따로 사랑 따로 바람 안핌

한국 여자 : 몸 따로 사랑 따로 바람 핌

일본 여자 : 돈으로만 사랑과 행복을 만들수 없다고함
한국 여자 : 돈으로만 사랑과 행복을 만들수 있다고함

일본 여자 : 평소에도 오빠 사랑해
한국 여자 : 급할때만 오빠 사랑해

일본여자 : 돈 없어? 대신 내돈 받아
한국여자 : 돈 없어? 그럼 대출 받아

일본 여자 : 나는 결혼하면 공동명의 필요없어 오빠꺼잖아
한국 여자 : 나는 결혼하면 공동명의 필요있어 우리꺼잖아

일본 여자 : 내 친구들이 행복하게 잘 만나보래
한국 여자 : 내 친구들은 행복하게 잘 살더라

일본 여자 : 월급 받았어? 고생했어 적금해
한국여자 : 월급 받았어? 고생했어 입금해

일본 여자 : 날 좋아해주고 사랑해줘서 고마워
한국 여자 : 널 좋아해주고 사랑해줘서 고맙지?

일본 여자 : 기분 안좋아? 왜그래 내가 더 미안해
한국 여자 : 기분 안좋아? 왜저래 내가 더 안좋아
일본 여자 : 오빠는 혹시 이런 재능은 없어?
한국 여자 : 오빠는 혹시 이런 재산은 없어?

일본 여자 : 난 너의 장점만 보여 단점은 고작 이정도?
한국 여자 : 난 너의 단점만 보여 장점은 고작 이정도?

일본 여자 : 문제를 같이 해결해 해보자
한국 여자 : 문제를 같이 해결해 해야되?

일본 여자 : 난 주변에 남사친 없어
한국 여자 : 난 주변에 남사친 많아

일본 여자 : 이 옷 너랑 어울릴거같애
한국 여자 : 이 옷 나랑 어울릴거같애

일본 여자 : 야동 봐? 내가 더 잘해줄게
한국 여자 : 야동 봐? 내가 부족해?
　대한민국 여자들은 애당초 망했다.
앞으로 점점 더 심해질거다.
　내 주변에도 몇명 일본 여자랑 사귀는 사람있는데,
지금까지 만낫던 한국 전 여친들 생각도 안난다고 하더라..
　볼 때 마다 행복해 보임 너무 부러움..... 진심...
끝. -답글 1개

@user-st3uh3wu9o *66
　예전에는 동남아 농촌 노총각 매매혼이라 조롱당했는데 요새는 전문직, 대기업, 자산가도 도축 당할까

봐 가까운 일본부터 알아보는것 같음.

@ㅇㅇ빙 *97

   글고 간과하지 말아야 하는 건 어느 나라 사람을 만나건 자신부터가 됨됨이가 되야함.

@yeonjinjo2992 *275

   12년차 한일 부부입니다. 집안이 평온하면 사람 성격도 차분해집니다. 돈을 적게 벌어도 안 벌어도 많이 벌어도 항상 절약하고 감사해합니다. 지금도 글 쓰는 중간에 내 등 긁어주고 가네요...ㅋ -답글 5개

@ㅇㅇ리-h5z *1

   일본 여자 두 명 사겨 봤지만, 한국 여자랑 마인드 자체가다름. 인정

@Minminminu55 *82

   저도 25년 모솔로 살다가 일본 워홀가서 여자 많이 만나고 지금 2년째 연애중입니다

   한국에서도 꽤 노력했는데 한 번도 이루어지지 않

아서 포기할까 생각들 때 마지막 희망이 일본이었는데 성공 했네요 여자가 이렇게 친절하고 만나기 쉬운지 처음 알았습니다
    다들 포기하지 않으면 인연은 옵니다.
-답글 5개

@ㅇ우-g6m *3
    진짜 사랑을 찾아 해외에서 찾는게 아니구.. 정상인 여자를 찾아서 해외로 눈을 돌린거예요

@이ㅇ신-b7m *26
한국 여자: 하루하루가 지옥이다..본인은 5등급이면서 1,2 등급 남자를 심사 한다. 지만편하면 되고 남자를 돈 버는 기계로 생각한다
일본 여자: 하루하루가 행복하다..남자가 5등급이어도 우리 행복하게 살자면서 노력하고 5등급 남자를 1,2 등급 남자로 거듭나게끔 응원해주고 같이 노력해준다.

@jhchoi9002 *316
　수도권에 집 한 채를 해와야 결혼 가능한데 전업주부로 5년만 지나도 내가 해온 집과 재산의 절반의 권리가 생기는 결혼제도 ㅋㅋㅋ
-답글 4개

@이ㅇ진-j6p *74
　일본인 여자 친구 잠실새내에서 막창집 알바했을 때 번호 따서 1년 좀 안 되게 만남
　결혼한 상태는 아니라 국결이 미래니 뭐니는 잘 모르겠지만 직접 만든 초콜릿, 생일 케이크는 일본인 여자 친구한테 처음 받아봄
　아 도시락도 처음 받아봄
겨울에 발에 붙이는 핫팩 처음 받아봄
자기 올리브영 갔다가 우리 엄마 마스크팩이랑 아이크림, 아빠 올인원 사준 여자 처음 봄
인생네컷 돈 내줬다고 고맙다는 말 처음 들어봄
　실내 글램핑 때 뭐 잡다한 일이나 고기 구워줬다고 몰래 전부 계산한 여자 처음 봄

또 뭐 막 있는데 아무튼
사소한 거에 고맙게 생각해 주고
제가 해준 만큼 여자 친구도 막 해주려고 하고
저뿐만 아니라 엄마 아빠한테도 뭔가 해주려는 모습이 너무 좋아요
   그리고 결혼은 백수만 아니면 된다고 ㅋㅋ

   전에 만난 분들과 달리? 아니면 더욱? 사소한 거에 고마워해주고 리액션해주는 거 정말 기분좋더라고요
   아 그리고 한국 남자들에 대해서 뭔가 자기관리 잘하는 이미지로 알고 있더라고요
   일본 남자들은 막 비누로 몸 씻고 선크림은 무슨 세수 후에 스킨케어도 안 한다고 얘기하면서 냄새도 나고 빨래도 다 안 마르고 그냥 입는다 어쩐다..ㅋㅋ
아 근데 한국남자들은 왜 머리 다 똑같애? 이런 얘기도 ㅋㅋㅋㅋ -답글 2개

@NAM-px8jd *37
   인정할 건 인정 하자

한국여자! 선 넘어도 한참 넘었다.
그리고 그럴수록 잘 먹고 잘 사는 건
이혼 전문 변호사뿐이다.

@No.1guard *31
　아줌마들 모이면 남편 뒷담 까는거부터 이미 견적 나옴 ㅋㅋㅋ

　자기 와이프 뒷담까면 그게 지 얼굴에 침뱉기 인거나 마찬가지 행동인 거 뻔히 알아서 남자들은 아예 자기 와이프건 남의 와이프건 언급 자체를 안 하는데 한국 여성분들은 왜 그러나 몰라 ㅋㅋ -답글 1개

@김ㅇ수-u3f1k *28
　　제 나이 46.
와이프는 한국 사람입니다.
행동은 일본 사람 같네요.
　매일 사랑한다고 고맙다고..
전 항상 고맙고, 미안한 마음입니다..

-답글 4개

@GoGo○○ *24
　고2 때부터 만난 여자 친군 한국인인데 정말 잘 만났다 생각함 우울증으로 4년간 고생했는데 덕분에 약도 끊고 열심히 살게 할 원동력을 줌
　한국 여자들이 그렇다고 하는데 이건 부정을 못하겠다 회사에 여자들 얘기 하는거 들으면 진짜 그렇게들 말하니까
　그래도 모두가 그렇다고 말하고싶진 않다
나는 너무 행복하니까 -답글 2개

@udkme8447 *334
　한국 여자만 미친거 임 외국 여자 열 명 넘게 만났고 포르투갈 여자랑 결혼했는데 애들 다 착했음 -답글 7개

@SamuelSmith1221 *16
　일본 여자도 마케이누 시대를 거쳐서 조련된 결과

임.. 게다가 한국 남자랑 일본 여자는 피해자 모임이라 찰떡임.. -답글 1개

@qhrtnddksmsdurtl *3
  형이 딱 말한다. 무조건 국결해라

@siasu2920 *671
  외국에선 "한국 여자같다"고 얘기 듣는게 최악의 욕이라고 합니다 -답글 7개

@lll893 *169
  같은 결혼 조건에 전업 주부를 하더라도 일본 여자를 택하는게 장상이지...미쳤다고 한국 여자를 선택하겠냐???

@hcy29 *84
  외국 여자들도 어느 정도 조건 따지긴 함
근데 그 허들이 한국에 비하면 그냥 없다 싶은 정도니 그런거지 ㅋㅋㅋ

막말로 한국은 100개 중에 99개 맘에 들어도 1개 맘에 안 들면 난리 치는데, 다른 나라는 100개 중에 2~5개 정도만 맞아도 잘될 가능성 높음

@Min.Y.J *5
대부분 일본 여행이나 출장 중에 만나거나, 결혼 업체도 있긴 한데 주선 한 번당 성공 여부를 떠나서 800정도. 업체 같은 경우는 상대가 한국어를 할 줄 알아서 장점이고 어느 정도 스팩은 갖춰야 됨.
여행이나 출장은 당연히 본인이 일어를 할 줄 알아야 되고.. 20~30대 초반만 되도 일본에서 직접 만나는 것도 어렵진 않아요. 아시다시피 일본 남자들 보다 한국 남자들 키나 외모가 월등해서. 문법 자체가 한국과 매우 흡사해서 일어 배우는 것도 해볼 만합니다.

@towahukutomi7211 *114
일본 여성과 10년째 결혼 후 느낌점
내가 이 정도로 대우 받을만한 사람인가 싶을 정도로 잘 해준다.

또는 내가 해준 게 너무 없는데 나한테 시집 온 여자에게 미안함을 느껴진다

울 한국 엄마 : 언어가 안 통해 답답하지만 아들에게 잘 해주니 시어머니인 나도 인정해줄게 -답글 5개

@운ㅇㅇㅇ아 *112
제 여자 친구도 일본인 입니다!ㅎㅎ 가끔은 다툴 때도 있지만 생각하는게 우리나라 여자분들과 달라서 일단 좋습니다! 우리나라 여성분들도 좋으신 분들도 분명 있지만 대부분 너무 눈도 높고 뭔가 이해 할 수 없는 것들이 너무 많음 그래서 잘 안맞더라고요...

특히 바람피는 여자들도 많아지고 자기만 생각하는 여자들이 너무 많아짐 일본 여자와 한국 남자는 서로 배려해 주고 존중해주고 생각해 주려고 하는 마음이 커서 너무 잘 맞는 부분들이 많다고 생각합니다. 특히 받으려고만 하지 않음 -답글 6개

@Bbangsk5c *74
　이건 갈라치기가 아니라 팩트다.

@sunydave8662 *31
　팩트)
한국 남자 - 한국 여자 이혼율: 46.8%
한국 남자 - 일본 여자 이혼율: 21.3%
일본 남자 - 한국 여자 이혼율: 79.5%
(2022년 통계청 자료) -답글 1개

@ㅇ짱-p2h *8
　한국 여자는 가성비 5년 이런 거 생각하고 결혼 하다 보니 남자 자산이나 소득에 관심 많고 일본 여자는 평생 같이 살 남자를 구하다 보니 남자 성격 위주로 봄

@하ㅇㅇ씨-v8e *216
　직장 상사 중에 84년생 키171cm 평범한체형, 평범한 외모의 과장님이 계시는데

그분도 97년생 일본 여성분이랑 1년 사귀고 2년 전에 결혼하셨어요 -답글 13개

@ㅇㅇ리-d5b *
일녀 : 같이 애기 낳아서 길러요~
한녀 : 애 낳아줬잖아!!! -답글 5개

@ㅇㅇㅇㅇ쿡꿀ㅇㅇㅇ꾹 *9
　한국 여자든 한국 남자든 서로 행복하게 살자 비난하지 않고 서로 축복해 주면서 살자

@이ㅇ팅 *1
100% 될 때까지 렛츠고

@고ㅇㅇㅇ예정 *408
　일본 여자가 한국 남자들한테 환상 가지지말라고 하는 영상 있던데 댓글이 ㅋㅋ 저일본 여자는 한국 여자들을 몰라서 그렇다 이거였음 ㅋㅋ -답글 19개

@한ㅇ수-z4h *65
  준하형 사람 바뀐거 보고 일녀의 위대함을 깨달음 ㅋㅋ

@choingtae *322
  지금 한국 사회를 보면.. 결혼 못하고 있는 청년들보다 이미 가정을 이룬 가장들이 더 불쌍해 보임. 희생이라는 가스라이팅에 속아 노예도 이런 노예가 없음. -답글 6개

@ㅇㅇ수-z4h *65
한국 여자: 내세울 거 없이 나이만 참
일본 여자: 내세울 거 없어도 개념 있고 어림 -답글 1개

@Cute_Joyuri *22
일본 여자 : 내가 해볼께!
한국 여자 : 해줘
  울 할머니도 외국 여자가 남편한테 잘한다며 오히

려 좋아하시더라!!

@OrthoS2H ⭑473
  한국 여자랑 이혼한 나라 비율만 봐도 압도적임.
  전 남친 중첩론, 설거지론, 퐁퐁론, 스탑럴커론, 마통론 (여성 결혼 자금 대출 / 혼수 국룰 3천의 이유),
  도축론 등의 빅데이터가 하루아침에 나온 게 아님.
-답글 10개

@choi태풍
  자기 객관화와 역할을 상실한 게 가장 크다.

@박ㅇ진-r5q ⭑38
  일본인이든. 어느 나라 사람이든 사랑을 만나는 건 행복한 일이죠. 사랑 찾으세여 😊

@money-makerkang1947 ⭑304
  한국 여자들이 진짜 신기한 게, 다 똑같음.. 마인드

나 행동이 99% 다 똑같아.. 어디서 단체 교육 받는 거 같음. 이유가 뭐임? 인간이면 뭔가 개성이나 가치관이 다를 수 있는데, 어떻게 다 똑같이 영악하고 철저히 이기적이지? -답글 23개

@ㅇㅇ또-g8p *2
한녀라고 다 똑같은 한녀가 아니다 우리 어머니들을 보면 알 수 있다. 우리네 어머니 같은 여자를 찾자

@PinkDinoLife-777 *21
진짜입니다. 저도 유튜브 릴스보고 일본 여성분 처음 만나보려고 용기를 냈는데

한국 여자 전부가 나쁜 것은 아니나 ..
진짜 이대로 가다간 정신 나간 사람들만 득실거릴건 팩트입니다..

이래저래 일본 여자 환상이다. 해도
제가 몇 번 만나보고 현재 결혼까지 했습니다만, 정말

미래를 생각한다면 일본 여자분들을 만나세요.. -답글 1개

@Kim-fj9kw

전 이런 분위기 적극 찬성이에요. 아이도 많이 낳고 모두 행복합시다.

@eunwoocha2208 *10

9살 연하 일본 여친이 있는데...외모도 너무 예쁘고 교토에서 자기 사업도 하면서 동시에 아마존에 온라인 마켓도 운영하면서 돈도 잘벎.

내년 벚꽃 필 무렵에 결혼하는게 꿈이라길래 나는 전세사기 당해서 회복하느라 현재 모은 돈이 많이 없다고 했는데 라인에서 이렇게 답장이 옴

오빠가 말한 집, 차 같은 물질적인 것들은 다 제 노력으로 얻은 거라 그런 건 신경 안 써요. 저는 능력 있고 경제적으로 독립했고, 애인이라도 주저 없이 도와줄 거예요. 사람의 마음과 자질을 더 중요하게 생각해요. 오래 같이 살고 싶다는 마음이 정말 중요해요.

물질적인 것에만 집중하다 보면 오래 못 갈 거예요. 나보다 나은 사람이 항상 있을 거예요. 그런 사람을 만나면 헤어지겠어요?

   제가 열심히 노력하는 이유는 물질적인 것에 얽매이고 싶지 않고, 미래의 남편에게 너무 많은 부담을 주고 싶지 않기 때문이에요. 남자가 모든 걸 감당하면 안 된다는 게 맞는 말이라고 생각해요. 누구든 너무 힘들 거예요. 그래서 두 사람이 함께 미래를 만들어가면 좋겠어요. 이게 더 의미 있는 것 같아요. 제 가족, 삶 등이 제게 이런 생각을 심어줬어요. 제 생각이 맞는 것 같아요. 요즘 사회에는 나쁜 생각들이 너무 많아요. 다들 쾌락에 탐욕스러워서 집에서 돈이 하늘에서 떨어지기만을 기다리고 있죠.

   사실 난 13년 차 개발자라 월급 자체는 높은 편이지만 3년 전에 전세로 들어간 전 재산 3억 5천을 고스란히 사기당해서 현재 다시 회복 중인 상태임. 월급이 높다 보니 3년 동안 다시 1억 4천 6백 정도 모은 상태이긴 함...근데 여친이 돈 더 많이 벎...꿈같다 지

금
-답글 1개

@dbaudwk12 *32
　그렇다고..
일본 이든 외국 여성들이 날 좋아한다고 착각은 금지. 니가 가진 거 한국 국적 인거 말고 없으면..
1) 일본이든, 해외 여러 나라 의사소통 무리 없게 그 나라 언어라던가 영어 필수
2) 해외 갈 수 있는 돈
3) 어느 정도 생활할 수 있는 직장 !! 돈 .!!
즉, 내가 정상적인 사람이어야 함 -답글 4개

@johnlee2326 *15
　병맛 솔로 프로그램들 보면 증말 답 안 나옴…. 이유가 다 있는겨.

@ㅇ-f4t
　이건 진짜다 찐 행복해~

@skuj7918 *72
　맨날 인터넷은 가짜다 현실을 살아라 타령 하더니 이젠 인터넷이 진짜였네 ㅋㅋㅋㅋㅋ
– 답글 1개

@ㅇ-l5y *72
　일본 여친 있는데 레알 천사인 듯함. 본인은 성격 안 좋다 하는데 내가 볼 땐 한국 여자보다 훨 좋음. 준비되면 결혼까지 충분히 갈듯

@ㅇㅇ발 *288
　러시아 여자조차도 한국 여자보다 남편 존중하고 사랑하고 살림 잘하고 전세는커녕 월세를 당연하게 생각함 –답글 16개

@재ㅇ정-f5x *2
  일본 여성과 한국 남자 정말 잘 맞아요

@minbaek3702 *8
  좋은 사례들이 자주 들려오니 많이들 찾아가는구만

@taesim3283 *26
  미국에서 태어난 한국 여자와 결혼함.
몸은 한국인, 정신은 시골 미국. 행복하다.

@nany-x7x5w *40
  나도 여자지만 한국 여자들 답 없음
모두 일본 녀든 러샤녀든 만나서 행복하길

@Uy-zv2sb *27
  오죽하면 출근 전 아침밥 못 먹고 나가는 게 이젠 당연시되는 현실 ㅋ

@아ㅇㅇㅇㅇ키 *5
그래 이렇게라도 다들 결혼하고 아이도 많이 낳으시고 해서 한국 국적 인구 좀 늘려주세요 😳

@haun-dz4og *15
한국 여자는, 같이 행복을 만들어갈 생각은 않고 만들어진 행복을 가질 생각만 한다. 게다가 남편을 초장에 잡아 손아귀에 쥐어야 자기가 편하게 산다는 생각이 강하다. 똑같은 부류의 남편이라면 모를까 순수하고 순진한 남편이라면 그 결혼생활은 생각지도 않았던 고난의 연속일 것이다.

@alterrrrrrr *17
요즘에 일어 배우는 재미로 삽니다❤

@ㅇㅇㅇㅇ꾼-o2i *14
연애 국제결혼 = 진짜 사랑을 찾아 떠남
업체 국제결혼 = 전통적인 결혼을 찾아 떠남
 초저출산 고령화 사회인데 뭐든 많이 하면 좋음. 국

결은 일단 결혼해서 한국에 오면 젊은 인구 +1이라 가장 온건한 이민정책이라고 생각함. 국가가 장려해야 할 정도임

@JEFFLEELEE-w6e
  저게 실제임, 우리 사촌 형 집안이 망했는데도 사촌 형이랑 결혼해서 지금 일본에서 살고 있음

@ㅇ豚1 *18
  일본 여자랑 결혼 할려면 기본적으로 조금이나마 일본어 해야 함. 그리고 진심으로 다가가면 성공할 확률 높음
  사랑을 갖고 장난치지마셈. 진심이 가장 중요함. 전 한류가 유행하기 시작했을 때 결혼했음. 너무 행복하네요. -답글 3개

@돈ㅇ물-s8o *16
  일본 시골 여자는 진심임 하지만 도시 여자는 한국 여자랑 크게 차이가 안남 이미 때가 묻었죠^^

@jhjeon3368 *12
    지금이 최고의 적기다.
한류로 한국 이미지 좋을 때 해야 해

@bba-r5o *5
    남자나 여자나 사람 잘 만나야 한다. 이상한 사람이과 결혼해서 고생할 바에 혼자 사는게 좋다.

@1여ㅇㅇㅇㅇ *7
    요즘 20~30대 여자들 100이면 100, 다 걸러라. 진심~

@ㅇ뷔-y8p *18
    뉴질랜드처럼 된다니까ㅋㅋㅋㅋ -답글 3개

@moodyman2612 *14
    비혼 외치던 한국 여자들 힘내라ㅜㅜ

@피ㅇㅇㅇ몬
동남아처럼 후진국도 아니라 일녀는 인식도 좋음

@user-cp7ie2vk7h *68
이혼률만 봐도 짠함...
한국 남-일본 녀가 궁합이 잘 맞는듯...
근데 이게 100년 전 소설에도 나옴...
조선 녀는 감정적이고 성정이 포악하여 같이 살기힘드나
내륙녀는 나긋나긋 해서 같이 살기좋다고... -답글 4개

@ㅇ팟-r4b *97
한국 여성 : 독박육아 힘듬. 설거지 니가 하셈. 꼬우면 니 아파트 여성부 정책으로 내꺼야. 잘하자?
일본 여성 : 오셨어요? 밖에서 힘드셨죠? 뜨거운 물 받아놨어요. 목욕후 맥주 한잔 하시겠어요? -답글 2개

@genmu33 *1

　2030 동생님들 비록 저는 나이가 많아 이조차 꿈도 못 꾸지만 여러분들에겐 무궁무진한 기회가 많습니다. 부디 행복하세요 외로움과 고독함은 제가 안고 가겠습니다. ㅠㅠ

@ㅇ요-l9c *23

　진지하게 폐쇄적인 여초사이트가 매우 크게 발달한게 이유임. 여자들끼리 모여 남녀관계에서 우위를 점할 방법만 궁리함. 남자가 뭐 해주는게 당연한거다. 혹은 그런 남자를 만나면 안 된다 등 그게 집단 지성화 되고 과도해지다 보니, 배려와 감사는 자연스럽게 사라지고 가스라이팅하려고만 든다. 사랑을 해야하는데 자기 남자 친구 상대로 음흉한 경쟁을 하려하니 답 없지

@와ㅇ님 *18

　일본 여자가 그랬다. 착각하지말라고..어느 나라건 그냥 그 사람이 괜찮은 거라고.

@ㅇㅇㅇ이-j2t *7

한국인 여자들 결혼관이 많이 세속적인 건 사실임. 결혼에 있어서 돈 잘 버는 남자가 최우선 잘생기고 성실하고 가정적이어도 돈이 부족하면 결혼하기 힘듬. 국결을 추진할 수 밖에 없음

일본, 유럽 여자들은 재산보다 마음을 먼저보는 것 같거든 한국 남자들 마음이 이동하는거지

@틈ㅇㅇㅇㅇ쉬-k6h *4

일본 홍콩 여자 사겨 봤는데 진정으로 나 하나만을 보고 사랑하더라. 순수하긴 하더라. 여자도 여자 나름이겠지만 난 운이 좋은 거였는지 모르겠지만 정말로 좋은 여자들이었다. 가끔 결혼까지 성공 못 한 것을 너무나도 후회한다. 그 시절로 다시 돌아가라고 하면 뒤도 안 돌아 보고 그녀와 결혼하고 싶다. 정말 추천한다.

@Kim-ug8zc

하루하루가 진짜 행복하다 하?

@hugh8828 *14
　학생 때부터 7년간 연애 후 결혼 5년차 한일 부부입니다.
　제 인생의 제일 잘한 건 지금 와이프 만나고 결혼한거고 항상 와이프한테 말합니다.
　당신이랑 결혼 안 했으면 한국 여자랑 결혼할바엔 혼자 계속 살았을꺼라고요.
　제가 돈도 잘 버는 것도 모아 놓은 것도 없었을 때부터 지금까지 딱히 경제적 문제로 싸우지도 않았고 불만을 들은 적도 없어요.
　진짜 한국 남자분들 좋은 여자는 해외에도 많으니 너무 좁게 보지 않으셨으면 합니다!
　지금은 애기도 곧 3살 되어가네요!
한국 남자분들 화이팅!

@티ㅇ몽 *71
　분명 여성에게 배려란 배려는 다하고 크고 군대도 독박으로 갔다와, 이론상 여성보다 늦게 취업이 가능한데 결혼할때 되면 이상하게 자가주택이 있냐니, 차

가 있냐니, 모아둔 돈이 얼마나 있냐니 ㅋㅋㅋ -답글 1개

@farmerkim8022 *46
　그 조건 좋은 남자들도 요새 일본 여자랑 많이 결혼함.. 서울에 우리 아파트 단지에 7커플있어요. 한일부부 고로, 육각형 남들이 일본 여자랑 매칭이 잘돼요. 그리고 자기들만에 커뮤니티가 있어서 외국 여자들도 서울 살고 싶어함 -답글 3개

@baski0406 *3
　한국남자분들 이거 한 가지는 확실히 알고 가세요. 한국 여자는 이런거 관심도 없고 알려고도 고치려고도 않습니다.
　오로지 자기 생각만 합니다

@박ㅇ강-t7v *29
　일본 여성과 결혼 해서 아이만 3명인데
하루 한 시간 일 분 내내 행복함
　한국 여자랑은 영 아님

@스타라이트-y9i *62

   39살 남성입니다. 작년에 베트남 국제결혼했고, 올해 와이프 출산 예정입니다. 제 인생에서 가장 잘한 결정이었습니다. 감사합니다. 😊😊 -답글 4개

@t3t3sf71 *61

   한국도 단칸방 부부 옛날에 많았음 근데 sns랑 드라마 문제인지 이 시절 10, 20대 여자들한테 이상한 환상 같은 게 들어가고 결국 예의범절 개나 주고 이상한 공주병 걸린애들이 대다수로 되어버림... 이게 전부다 남들 인생 비교질하고 sns랑 백마탄왕자 환상만 키우는 드라마 때문이다. -답글 14개

@bravomylife4025 *3

일본 여자: 여보가 번 것 우리 재산 내가 번 것도 우리 재산

한국 여자: 니가 번 것 내꺼, 내가 번 것도 내꺼

@stopcoffee *65

대한민국 사회가 왜 이리 변했을까요? 결혼을 비즈니스라고 당당히 말하고 많은 사람들이 수긍하고, 조건 보고 결혼하는 것을 당연히 여기고 서로가 조건을 일궈낸 것에 대한 보상받는 기회로 결혼을 여기는 것 같습니다.

소개받은 여성분 첫 통화부터 직장명과 연봉, 가족관계와 호구조사 다 하더군요. 중간에 말 끊고 더 이상 연락 안 했습니다. 사회 전체가 돈에 환장하고 안정만 추구하며 역동성없는 점점 죽어가는 사회가 되어가는 것 같습니다. -답글 10개

@SEOUL-ANC *37

어느 나라 사람인 게 중요한 게 아닌 것 같아요. 제 생각엔 한국 사람만 아니면 됩니다ㅋㅋ
저는 대만 사람과 결혼 앞두고 있는데
　정말 연애부터 질이 달랐습니다. 하루하루가 행복해요. 내가 돈 못 버는거 아니지만
조건 하나도 안봐주고

내가 거지가 돼도 사랑해 줄 것 같은 진실된 느낌을 받고 있네요.
   덕분에 결혼에 대한 부담감 또한 없어요.
서로 대접해주는 진짜 쌍방의 사랑을 경험하고 나니, 아 지금까지 했던 연애는 행복한 연애가 아니었구나 싶었습니다.
   한국 사람과의 연애로는 못 돌아갈 것 같아서, 이 사람 놓치면 안 되겠다고 생각했습니다. 다들 atm 되지 말고 국결하십쇼 -답글 1개

@ㅇㅇ나-h3b *12
   한국은 살기 좋은 나라는 맞지만 살기 행복한 나라는 아니다. 이러니까 국재결혼이 늘고 있지.

@나를ㅇㅇㅇㅇ방
   아는 맛이 제일 무섭다 항상 옆을 경계하라,,

@다7온1lㅇㅇ9L-h4k *32
   외국에선(해외)

"한국 여자같다"고 얘기듣는게 최악이고 모욕이라고 합니다

@KiluX럭키 *98
일본여자 : 내가 힐링 됨.
한국여자 : 딸을 키우는 느낌. -답글 7개

@koyokan1 *101
　한, 중, 일 다 만나본 사람으로서 한국남자는 일본 여자와 잘 맞다고 생각함. 기가 세기로는 중>한>일 순이라 중국 여자가 제일 안 맞고, 일본 여자가 가장 한국 남자와 맞음. 반대로 한국 여자는 중국 남자와 제일 궁합이 맞을것 같음. 지구라는 좁은 별에서 나라 따지지 말고 서로 가장 잘 맞는 사람 만나서 행복하게 살면 됨. -답글 7개

@재ㅇㅇㅇㅇ간 *1
　40% ㄷㄷㄷㄷ;;; 충격적이네요 ㄷㄷ;;;;

@ㅇ느-x1l
　성격 차이라는 ㅋㅋㅋ 분들이랑은 같이 못산다는데… 서로 갈 길가야지

@kaos-t4j *21
　이거 진심 강쥐랑 산책하다가 옆에 지나가는 남자 전화 통화 들었는데 일본 여자랑 연애 하는거 같더라. 진심 행복한 얼굴에 꿀이 뚝뚝 떨어지는게 보임 그 순간 진심 부러웠다

@신ㅇ강-h8e *3
　한국 여자 고마워 할 줄 모르고 잘못된 건지도 모르고, 친절 배려를 당연시 여기고 받는거에 쳐익숙해져서 당연하게 여김

@시ㅇㅇ다-d3k *18
　진짜 요새 울나라 여자들 마인드가 넘 아닌듯 같은 여자지만 자기는 별거 없으면서 능력있고 키크고 잘생기고 여자한테 잘하는 환상속에 남자를 기다린다나

그러다 결혼 못하고 노처녀

@chsun2 *1
  법 바꾸지 않는 한 더더욱 가속 될거임

@ㅇㅇ1분ㅇㅇㅇ *35
  나도 국결하고 아기는 태어난지 77일차.. 국결하세요. 막말로 내 삶을 존중해 줍니다. 저는 결혼했지만 제 삶은 달라지지 않았어요.
  대신 술을 끊었고 담배는 피운적이 없습니다.

@ㅇ야-d7w *66
  어차피 환상이라면 굳이 한국 여자 안 만난다는 거겠지. 허구의 이미지 일지라도 한국 여자에 질린 거라는 이야기 -답글 5개

@구ㅇㅇ삼
  직장에서 고객으로 오는 한국 남자와 결혼한 일본 여자분들...그 나이대의 한국 여자들과는 많이 다르더

군요 (긍정적 으로)

@coolrunning6269 *11
　제가 경험(교류)해본 일녀들
1. 지금도 연락하는 일녀: 동거 경험 많고 기가세며, 예의 바르나 무언가 그 언더그라운드에 강한 느낌. 나에게는 무척 친절함
　더 쓰고 싶으나 배려 있는 그녀에 미안해서 여기까지만...

2. 도쿄근처 살던 일녀: 속을 알 수 없고 이중적이며, 배려 깊은 한국 남자를 이용함. 무언가 세하게 강한 느낌. 이용 후 연락 안 됨
이 년은 자동차 정비하던 년

3. 요코하마 출신녀 (한국서 만남): 대체로 예의 바르나 눈이 높음. 남자 조건에 예민하며 남자 나이에도 예민. 그래도 일본 여자답게 겉으로만 상냥함

4. ㅇㅇㅇㅇ 출신 일녀
그냥 백치미 그 자체에 착하고 선한 일녀
결혼은 이런 분과 해야함

대체로 일녀도 캐바케에 쉽지는 않아요
다만 배려심을 겉으로라도 드러내게 훈련 받은게 드러나서 그 점은 같이 있으면 행복하게함

그게 진심인지 가짜인지는 모름. 내가 10을 사면 그래도 3에서 4는 사주려는 친구들도 있고 (이건 요즘 한국녀들도)

다들 일본녀들하고 좋은 연애 하시길 -답글 1개
@킬ㅇㅇ스-y4y *6
와이프가 일본인인데 전반적으로 일본 여자에 대한 환상이 많이 있는거 같음 장점도 있고 단점도 있음 그래서 살다 보면 다 똑같음 ;; -답글 6개

@BUNGKOOKI *14
　30대 중반까지 한국 여성분들 5~7명 정도 사겨보고 지금 일본 여친과 잘 만나고 있는데 다른건 몰라도 한국 여성분들이 좋게 얘기 하면 자기표현 확실한거고 나쁘게 표현 하면 기가 쎈건데 확실히 매일매일 조마조마하지 않고 마음은 편합니다!

@stonebrown7021
　진정한 사랑을 찾기를 기원 합니다

@낭ㅇㅇ년-c8s *8
　저도 다 큰 딸이 있지만, 요즘 우리나라 여자애들. 어쩌다 그렇게 너무 이기적이고 싸가지 없는지, 내가 어릴 적 20대 하고 180도 달라진 요즘 젊은 여자 애기들 보면,
　제가 봐도 그냥 갖다 쓰는 연애 상대로나 쓰지 결혼은 절대 안 할것 같네요 -답글 2개

@tarkjw *29
 와 댓글 보소 ㄹㅇ 한국 여자는 그냥 끝났네 -답글 1개

@pingky-jk1nl *6
 국결 해보니 장점은 부부싸움을 거의 안해요 말을 잘 못해서 ㅋㅋ

@ㅇ빈-l2l *2
 ㅋㅋㅋㅋㅋㅋ진짜 일본 국결 늘었다고 뉴스 말이정답이였네

@요ㅇㅇ보 *8
 여친 일본 여잔데 개 행복함 ㅋㅋㅋ 같이 일하는데 아침저녁 진짜 매번 정성스래 만들어주고 청소도 자주하는게.. 확실히 내조력이 남다름

@ersatzvitamin1 *12
 근디 조건 보고 결혼한 사람들은 정서적 안정감을

등한시한 것의 대가를 치루는 게 아닐까

@Rem0001 *11
  귀소 본능이 강한 집돌이입니다. 일 끝나면 무조건 집이었는데, 결혼하고는 집이 더 이상 아늑한 쉼터라는 느낌, 내가 소속된 울타리라는 느낌이 없었습니다. 현재는 이혼하고 2주마다 애들 보며 잘 살고 있습니다. 매우 만족합니다. 국내 혼 매우 비추천합니다. 그 어느 나라 사람이랑 결혼해도 이거보단 나을겁니다

@blackswan2614
  떠나라
나는 실패했지만-아니 기회를 놓쳤지만- 후배들의 성공을 기원한다. 진심이다

@ㅇ녕-y3l9n *121
  일본 아내...특벌히 아프지 않은이상 부부관계 다 들어줌.
  한국아내...할때마다 돈 달라고 함..
-답글 5개

ASD-dw4rb *39

  러시아 여자랑 결혼 골인함. 진짜 세상에서 제일 행복해요 -답글 7개

@MinHan-fy1sj *29

  여러분 그냥 물타기 때문에 일녀 일녀 그러는것 같은데요. 한국 여자와도 잘 지내봤던 저도 트와이스땜에 일녀에 환상과 호기심가져 소개팅 앱 통해서 일녀 몇번 만났는데 여러분이 상상하는 만큼 좋은 사람 많이 없을 수 있습니다. 상상을 초월할 만큼 정병이나 기계 같은 이상한 애들도 있었어요. 굳이 언어장벽까지 허물어가며 만날 이유는 개인적으로 딱히 없더라고요. 그냥 일본이던 한국이던 이상한 사람이 있고 좋은 사람이 있는것같아요.. 그리고 여자는 보는 눈이 비슷해서 한국에서도 잘 못 지내면 어느 나라던 비슷합니다.. 일녀에 환상 쉽게 가지지 마세요.. -답글 5개

등한시한 것의 대가를 치루는 게 아닐까

@Rem0001 *11
   귀소 본능이 강한 집돌이입니다. 일 끝나면 무조건 집이었는데, 결혼하고는 집이 더 이상 아늑한 쉼터라는 느낌, 내가 소속된 울타리라는 느낌이 없었습니다. 현재는 이혼하고 2주마다 애들 보며 잘 살고 있습니다. 매우 만족합니다. 국내 혼 매우 비추천합니다. 그 어느 나라 사람이랑 결혼해도 이거보단 나을겁니다

@blackswan2614
   떠나라
나는 실패했지만-아니 기회를 놓쳤지만- 후배들의 성공을 기원한다. 진심이다

@ㅇ녕-y3l9n *121
   일본 아내...특벌히 아프지 않
은이상 부부관계 다 들어줌.
   한국아내...할때마다 돈 달라고 함..
-답글 5개

ASD-dw4rb *39

　러시아 여자랑 결혼 골인함. 진짜 세상에서 제일 행복해요 -답글 7개

@MinHan-fy1sj *29

　여러분 그냥 물타기 때문에 일녀 일녀 그러는것 같은데요. 한국 여자와도 잘 지내봤던 저도 트와이스땜에 일녀에 환상과 호기심가져 소개팅 앱 통해서 일녀 몇번 만났는데 여러분이 상상하는 만큼 좋은 사람 많이 없을 수 있습니다. 상상을 초월할 만큼 정병이나 기계 같은 이상한 애들도 있었어요. 굳이 언어장벽까지 허물어가며 만날 이유는 개인적으로 딱히 없더라고요. 그냥 일본이던 한국이던' 이상한 사람이 있고 좋은 사람이 있는것같아요.. 그리고 여자는 보는 눈이 비슷해서 한국에서도 잘 못 지내면 어느 나라던 비슷합니다.. 일녀에 환상 쉽게 가지지 마세요.. -답글 5개

@이ㅇ빈-i7d
좋은 얘기입니다.

@윤ㅇ민-s4i *5
　저는 한국 여자가 더 예쁘고 더 멋져요. 저는 반드시 우리나라 한국 여자랑 결혼할래요! 한국 여자가 세계에서 최고

@롤ㅇㅇㅇ터-i6k *155
내수 차별 하고 as도 개판인 현대차 살빠엔 잔고장 안 나고 연비 좋고 돈값 이상 하는 토요타 사는게 훨 낫지 암만 -답글 9개

@으ㅇㅇㅇ-q9q *2
　그냥 끼리끼리 만나는거입니다... 국적은 중요하지 않음.......

@BLSHMV
　한방 언니 보면 진짜 육성으로 헛웃음이 나오더라

고요 ㅋㅋㅋ 이거 뭐 연기인지 뭔지 ㅋㅋㅋㅋㅋㅋ

@oscarjeong9438 *4

그게 일본 여자만 그런게 아니라 외국 서구권도 다 일본 여자 수준임. 진짜 사랑하면 만나길 원함. 그러니까 우리나라 여성의 남성상에 대한 기준이 아주 이상한 거지.

@hngjuyfch51-g7z *21

어느 순간 부터 한국 여자는 연애스킬 습득하고 거쳐가는 수단일 뿐 마지막 단계는 아닌게 됨, ㅋㅋ 한국 여자를 만나봐야 어떤 고난과 역경을 이겨 낼 수 있는 노하우가 생김 -답글 2개

@Player1-h7e *18

10살 이상 연하의 일본인 여친과 결혼 앞두고 있습니다. 그냥 지금 당장 일본어부터 공부하세요. 저라고 이럴 줄 알았겠습니까 저도 처음엔 취미로 일본어 공부하다가 이렇게 됐습니다. 무조건 시작부터 하세요.

사람 앞일 모릅니다. -답글 1개

@navi_055 *20
댓글보면 다들 한국 여자 혐오하고 뭐 주작치는거 같지만 다들 한국 여자한테 많이들 스트레스받고 겪어왔기에 이러는 것… SNS로 단체 공감되어 가속화 되는 것도 있지만 실제로 그러는 여자들이 너무 많다 보니 이렇게 된거죠. 저도 한국 여자 외모 잘 꾸미고 이쁘다고 생각하지만 만나보면 내면이 너무 고되더군 요 맨날 알아주길 바라고 받는걸 당연시여기고 ㅠ

@channelkatanas4914 *14
한국중국여자만 아니면 다 괜찮음
몽골여자도 착하고 남자 엄청 위해주더라…
-답글 1개

@발ㅇㅇ르-b4h
한베 국제결혼 했습니다. 인생에 제일 잘 한일중 하나입니다. 진심으로 행복합니다,

-답글 2개

@kyg1980
  현실임. 친구 한 명 있음. 그뿐만 아니라 몇몇은 와이프 한국인아님. 그만큼 한국 여자한테 뭔가 있음ㅎ

@cjmoon4880 *1
  외국 생활 20년하며 여러나라 여자 사겨 봤는데 일본 여자가 제일 행복하게 해주더라. 일녀가 답이 맞다.

@Slayer-be3kh *19
  내가 얼마 전 시의원에 출마한다는 사람과 술을 한 잔함. (나이도 많고 여성분임), 아무래도 이런저런 정치 얘기도 같이 하게 됨. 그러다 요즘 젊은 2030 얘기가 나옴. 난 요즘 한국 남자들이 역차별을 많이 당하는 세상이 되어 버린 것에 대한 분노가 크다. 군대도 다녀와 결혼 때는 집도 사야해.. 하지만 여자들은 대부분의 2030때 여행 다니고 돈을 모으지 않음.

그러자 그분이 하는 말. 여자는 애를 낳잖아...
   이 말에 할 말을 잃음. 여자가 아이를 낳는게 우리 인간이 만든게 아니잖슴. 왜 여자들은 애낳는 머신으로 스스로를 하찮은 인간으로 만드는지몰겠음. -답글 3개

@이ㅇ호-e2j *6
   이번 년도 6월에 결혼한 한일 부부입니다
여러분도 행복하십쇼~ 외국분들 만나보면 우리나라 평균이 뭔가 잘못되어 있다는걸 깨달을겁니다 ㅎㅎ
@bono1603 *6
   유럽 띠동갑 와이프와 올해 결혼식을 올린 사람입니다. 원룸 살고 있습니다. 13년 된 yf 소나타 타고 있습니다. 그런데도 매일 행복하다고 합니다. 저도 하루하루가 즐겁고 행복합니다ㅎㅎ 일본 여자도 좋지만 찐친 같고 재밋는 유럽여자도 추천드려요.

@추ㅇㅇㅇ아 *2
   13년차 한일부부입니다.

내생에 가장 잘한 선택이라 생각하고 있습니다
한가지 팁을 드리자면,
무턱대고 일본 여성이 목적이 되어서는
안 될 겁니다
  본인들부터 준비가 되어 있어야겠지요
한일 부부 엄청 늘어난건 사실이지만
그만큼 이혼률도 엄청 많지요
그게 장담하는데 준비도 안 된 상태에서
일본 여성이 목적이 되어서 그런거라 확신합니다.;
  먼저 일본 여성이 다 한국 남자에 호감이 있을거라는 착각은 버리고
일본어 어느 정도 공부하고 만날 때 매너있고
책임감 있게 하면 잘 될 겁니다
ㅇㅏ... 한마디 빠졌는데
  얼굴이 멍개인분은 어딜가도 불가능한 건
불변의 법칙 입니다!
  대다수 일본 여성들은 솔직히 남자 재산이나 직업 같은 거 잘 안 봅니다.
  대신 본인의 미래를 맡길 수 있는 착실한 남자라

생각이 들면 그냥 올인하지요.
그게 팩트입니다. -답글 2개

@20년ㅇㅇㅇ *2
한국 여자;사채업자
일본 여자;든든한 후견인

@말ㅇㅇ랭 *4
  진짜 사회적 현상이 됨ㅋㅋ

@What_A_Nice_Pain *21
  매매혼하면 도태남거리는 애들이 제일 이해가 안 감. 그럼, 한국 결혼 시장이 "결혼은 현실이다" 거리는 애들이 없이, 집 월세살이, 차없이 200으로 결혼해주는 연애 시장이라는건가?

@노ㅇㅇ안
  현명한 선택 합리적 사고 청년들 똑똑하네

@아ㅇㅇㅇㅇ사-f4j
하루하루가 진짜 행복하긴 해

@ㅇㅇ이 *16
전 일본 여성과 결혼 준비 중입니다. 여지껏 한국 여자랑 잠깐 만났는데 확실히 일본 여성이 연애가 편합니다. 있는 그대로 봐주고 사소한 것에 감동합니다. 한국에서 작은 매너가 일본 여성에게는 늘 좋게 봐줍니다. 무엇보다 직업을 중시가 아니라 사람대 사람으로 봅니다.

@구ㅇㅇ-p7z *4
일본여자 최고. 차선은 태국 치앙마이 여성

@Tuss2233 *4
한국 여자들 좆나 따지는 것 부터가 애초에 결혼생활 정상적으로 할 수가 없는 수준인 거지 남편 월급 월 500은 받아야되지 않나, 이드립부터가 아주 가관임ㅋ. 지들도 500못버는걸 남편한텐 500벌라니 ㅋㅋ

@zzit_drumtong *2
　한 녀 속 물 허 영 심 눈 치 보 기 비 교 하 기 ㄷ ㄷ ㄷ ㄷ ㄷ

@ti6zs3go1x *6
　살아보세요. 다 똑같아져요. 단지 그냥 시간차가 있을 뿐.

@이ㅇㅇ걸
　일본 여성분이랑 결혼해서 행복하게 잘 사세요~ 근데 이렇게들 자랑하듯이 글 쓰는 것은 자격지심 같으니까 하지 않는 게 좋겠습니다.
　제가 일본 여성분이라면 내가 일본인이라서 결혼했다는 것보다 나라는 사람이 좋아서 결혼했다고 말해주는 게 더 좋을 것 같네요. 그리고 누구를 만나든지 바라는 것, 희생을 요구하기보다는 내가 해줄 수 있는 것을 먼저 생각하시고, 그것보다 외모나 조건에 앞서 사람 볼 줄 아는 안목도 키우시는 게..
-답글 1개

@윤ㅇ천-o4e *11
  일녀도 케바케임 같이 일하던 동생 일녀랑 결혼했는데 이혼함

@ㅇ백-i5r *1
  강남이... 또르르

@Tuss2233 *4
  ㅋㅋㅋ 최근에 우리 고모도 말하기를, 한국 여자는 만나지 말고 외국 여자 만나거라. ㅋㅋㅋㅋㅋㅋㅋㅋㅋㅋ

@김ㅇ김 *11
  한여들이 난리나니까 방송사에서 행복하게 잘 사는 국결한 부부들한테 연락해서 서로 의견도 안 맞고 싸우는 상황 조성해서 촬영하자고 했다지 ㅋㅋㅋㅋ

@HealingKiller
  우리나라도 80년대까지, 혹 90년대까지 단칸방에서

시작하는 신혼부부들 많았다. 그런데 지금은 처음부터 다 갖춰놓고 시작하려고 한다. 일본은 아직도 시작은 미비해도 좋다. 상대의 조건보다 인간성, 미래를 보고 친정에서 시집간 딸 심하게 간섭 안 한다.

@yoonsubshin4893 *2
　일본에 있는 지인들에게 며느리 감 알아보고 있음…

@user-qw5ty1pi88 *8
　한국 여자는 딱 29살 전에 결혼 하는거 아님 30살 넘어가는 순간 그냥 쳐나도 안보는게 맞음.

@소ㅇㅇ박-g9y *6
　서울에서 공무원 여친하고 살고 부부 공무원으로 결혼할 예정인데, 일 끝나면 매일 다양하게 밥 차려주고, 베이킹 취미라 간식도 자주 만들어줌.
　자기가 책임진다며 다 해줌 쉬어라 해도 집안일 계속하면서 전세집인데 전세도 여자 친구가 해줌. 모아

둔 돈도 여자 친구가 훨씬 많음. 난 정말 전설의 포켓몬을 만난 거구나 댓글 창 보고 새삼 너무 감사하네.

@ㅇ나-u3h *4
반대로 일본 남자 한국 여자 이혼율은 증가

@농ㅇㅇㅇ년-o6w *2
일본 여자들은 기본적으로 남자를 존중하는 습관이 있어, 한국 남자들 눈에는 아주 매력적으로 보일 수밖에 없음.
일본 여자와 연애하는 거 적극 권장함

@ㅇ-n7x *19
한국 여자는 모든 걸 따지는 게 너무 큰거 같음. 그리고 좋은 한국 여자들은 이미 다 누군가 데려갔지, 일본 여자는 기본 마인드부터가 한국 여자랑 달라서 남은 여자들도 기존 한국 여자보다 훨씬 괜찮은거 같아서 이런 말이 나오는거 -답글 1개

@siri_ssaem *8
 저 한국 아줌마인데, 일본 여자분들 시집 많이 오세요. ^♡^

@태ㅇ원-j2z *6
 한국 남자들 해외에서 사랑을 찾기를 바랍니다. 한국에서 못찾은 사랑을 꼭찾으세요
가난한 청년들 중년들, 한국 남자 화이팅 🎉

@제ㅇㅇ웹JWST *2
 참고로 일본어는 할줄 아셔야해요.

@dejavuSW *14
 옆방에서 매일 밤 들려옵니다
기모찌 스고이.

@ㅇㅇ사-p5q *14
 진짜 국제결혼 고려해봐라. 2세도 혼혈이 이쁘게 생길 확률이 더 높음 -답글 1개

@허ㅇㅇ군 *7

전 여친 자기도 모아 놓은 돈 한 번도 공개 안 하고 프리랜서로 부자들만 보다 보니.. 돈 많은 남자한테 시집간 친구들얘기 돈 많은 학생 얘기 너무 스트레스였어요. 싫은 티 내면 자격지심 있냐고 몰아 세우는 ㅎㅎ 어차피 그런 남자 못 만날 거면 좀 수그리던지..서울 벗어난 곳은 어떠냐고 하니 너나 살으라고ㅎㅎ

비싼 월세 내는 오피스텔 살면서 연애할 때도 제가 절대 적게 내지 않고 운전 다 하고 했는데 헤어질 때 되니 못 해준 것만 기억하고 너무 억울했어요..나만큼 사랑해 주고 예뻐해주고 이해해 주는 남자 없을 거라 단언합니다. 지금껏 만난 남자들 중에 사랑은 최고라 했으니ㅎㅎ 헤어진거 진짜 잘됐다 생각해요. 고마워 한녀인 전 여친아.

@Entelechyaaa

댓글 보면서 다시금 느꼈다.. 명심해라 한욕자약..

@kyararanjs *23
  아직도 한국 여자 사귀는 비정상도 있나
-답글 1개

@조ㅇ마 *3
  여자는 일본 여자가 세계 제일이다

@b.g9122 *14
  나도 국결 했는데 일본 여자는 아니지만 맨처음 원룸 50만 원짜리부터 해서 행복주택, 구축 아파트로 이사 왔지만 사는 동안 와잎은 한번도 불편하다든가 불만도 없더라. 오히려 대출받아서 산집이라 어떻게든 같이 갚아나가려 애씀. 그래서 항상 미안함 -답글 1개

@akplehunter *1
그거 아나 모르겠네, 사람은 끼리끼리 만난다.

@chronoscode *20
　나는 우리 와이프 한국 사람인데 존중받으면서 잘 살고 있는데 너무 일반화하면서 갈등을 부추기는 건 안 하셨으면 좋겠네요
-답글 4개

@차ㅇㅇLee *7
　한국 여자들이 결혼하면 제일 먼저 요구하는 것, "집 공동명의 해줘"
　물론 남편이 집 장만하는데 1원 한 푼도 안 보태고 공동명의 해준 순간 그때부터 바로 이혼 요구함

@curiousjin8828
　일본 여자는 마인드가 달라요. 너무 여성스럽고 감사함의 표현을 잘해줍니다. 무엇보다도 기가 안쎄서 너무 좋아요. 피곤하지 않아요. 😊 10년째 사귀지만 늘 사람 마음을 평온하게 만들어줍니다.

@ssunil6175
　결국 사람 그 자체를 봐주는 여자를 찾아 떠나는 거임. 한국 여자들은 사람보다는 그 이외의 것들에 집중하고 보여지기를 따짐. 그리고 본인들은 생각 안 하고 올려치기에 상향 혼만 생각함.

@terang-y2b *4
　착각은 금물.
유튜브 좋은 모습들만 보고 지랄발광까진 가지 말것. 현실 직시! 한국에서 해보다 해보다 안 되면 갈 것! 그게 답.

@susietothejail *7
　ㅎㅎㅎ 뭐 사람마다 다르겠지만.. 일단 2017, 현 일본 부인과 결혼함.
　신림동 원룸에서 시작. 두 룸 전세
2024년 12월 7-8년만에 3 룸 전세 감..
일단 모든 면 서포트는 최고입니다.
　작은 집도 좋다 일본은 18평도 큰 집이다

아침, 저녁, 항시 챙겨주고 본인도 알바/수업하면서 돈 벌고 있습니다.

  가장 큰 문제는 표현을 잘 안 함.. 힘들거나, 화나도 최대한 포커페이스 유지.. 이게 오래 쌓이면 나중에 조용히 이용당합니다.

  남편을 존중하는 만큼 똑같이 사랑해 주고 존중해 줘야합니다. 괜히 이게 원래 일본 여자구나 하면서 당연히 받아들이면 나중에 큰코 다쳐요 -답글 1개

@동ㅇㅇ응 *15
  걱정은 저러다 점점 일본 여자도 한국화 될 것 같다는 거지 -답글 4개

@새ㅇㅇㅇ동-o5l *2
일본 여자 : 남자를 배려 한다.
한국 여자 : 남자를 베려 한다.

@라ㅇ크-g4p *4
  일본 여자랑 결혼해서 탈조선하고 일본 영주권까지

획득해서 아이 셋 낳고 가장으로 존경 받으며 잘 살고 있는데 반면 한국 여자랑 결혼한 친구들은 사람 대접도 못 받고 살더라

@s1ntr0llsh3ck2 *12
　주의 사항: 해외로 간다고 님 얼굴이 바뀌지 않음 - 답글 2개

@3matri858 *6
　과거에 한국 여자들 헌신적이었음. 하지만, 헌신하면 헌신짝 되고, 고맙다는 소리 한번 못 듣는 시대를 보며 자랐음

@ㅇs-h2y &1
　갓김치 갓 김치찜들은 아직도 정신을 못 차린다.. 한국 남자들이 얼마나 그 누구보다 헌신하고 열심히 책임감 있게 살고, 의리 있는지...역시 인간은 곁에 있을땐 모른다. 항상 없어지고 난 다음에 후회를 한다... 김치들 안녕~ 내년에 일녀랑 결혼한다.

@mjk5840 *13
　이것 때문에, 4년 전부터 일본 취업 준비해서 지금 도쿄에서 일본 여자친구랑 알콩달콩 만나는 중 다 필요없고,
　일본 여자: (사소한거) 고마워, 미안해
내 성격이 원래 이런데 미안해
내 성격이 원래 이런데 이해해줘서 고마워
　한국 여자: (사소한거) 나 원래 이래 그니까 이해해 줘야지? -답글 4개

@sung255 *7
한국 여자는 같은 언어인데도 말이 안 통함 ㅋ

@ㅇㅇ팡-c9b *7
　여기서 이런 말 나오겠지
일본 여자도 보는 눈이 있고 성격이 있다 어쩌고 ..
근데 한국 여자보다 1억 배 나음

@Buena990 *1
  일본이든 외국 여성들도 조건을 당연히 보겠지.. 인생이 걸린문제인데.. 내가 외국 오래 살아봐서 아는데.. 그 조건이 너무 소박해서 그걸로 정말 되는거? 라는 생각이 들 정도임

@イジフン-o2k *19
  일본 여성 바람 겁나 잘 피워요. 저도 전 여친이 일본 여자였는데 바람 펴서 애 낳고 다른 일본인과 결혼함 저거 그냥 망상 현실로 일본 여자랑 연애하면 마음만 아픔

@ILCOMPANY99 *7
중국 여자:대놓고 돈을 요구한다
한국 여자:교묘하게 돈을 요구한다
일본 여자:돈보다는 신뢰를 중시한다(참고로 바람 한번 걸리면 뒤가 없어요. 평생 빠이 빠이임)

@내ㅇㅇㅇ왜5명ㅇㅇ *7
한국 여자도 좋은 여자 많아..

@ㅇ-i7n1w *1
베트남. 태국. 필리핀. 미얀마. 다 필요 없고.. 오직.. 일본 여성분이다...

@justicewin11 *18
페미니스트 때문에 정말 착한 한국 여성분들이 피해 보는 게 너무 싫네요., 근데 그분들도 잘못이 있죠. 패미니스트를 반대 여성단체를 만들어 막아 냈어야 했는데 여성 인권 운운하는 걸 보면서 본인들한테 좋은 거라고 생각했겠죠. 그에 대한 결과는 전혀 고려하지 않은 책임입니다. 갓생사세요 그리고 절대 후회하지 말고 정당화 하지 마세요 내 잘못이 아니라 사회 잘못이라고 -답글 7개

@babygroot8685 *9
터키,일본,러시아 이 세나라 여자력이 가장높음 -답

글 1개

@ㅇ규-u4c *13
   제 친구가 일본 여자친구랑 2년 정도 연애했는데 사람 자체가 가식이 엄청 심하대요. 진짜 다 믿다가 나중에 배신당하면 진짜 충격이 클 듯 -답글 2개

@주ㅇ개-f1t
   대한민국 녀자처럼 상거지중에 상거지는 없는 듯.

@HWKim_World *7
   쇼츠 좀 이렇게 극단적으로 만드는 것도 문제 같음
@최ㅇ연-k1k6x *11
   승리 명언 '난 한국에서 먹고 외국 여자랑 결혼한다' -답글 1개

@ㅇ-s1d *4
   '독박육아' 한국에만 있는말 임
이것만 봐도 지들이 얼마나 피해망상 환자인지 알거

임

@TRAVIS.M1993 *1
　슬픈 현실이구만.. 남자들 한테 잘 좀 해줘

@ㅇㅇ-l2q *17
　마인드가 다르긴하지만... 여자는 다 똑같다!!! 그리고 일본이든 베트남이든 외모는 따져~한국보다는 덜 하긴 하지만...국결 너무 만만하게 보지는 마라!! 남자도 자기 객관화 만들고 가야 된다!! -답글 2개

@youno-o4m *6
　마지막에 결론 나오네 "도피처" 확실한건 일본 여자도 아무 남자하고 만나는게 아니다 라는게 퓍트임

@Real_D.D.T. *10
　근데 일본 여자들도 외모는 봅니다..그렇다구요..

@카ㅇㅇㅇ이777 *1

일본여자 : 내남자에 대한 존중과 배려

한국여자 : 내남자는 내 노예지

보충 설명 : 한국여자들이 다 그렇지는 않습니다 저런 여자가 많을뿐

 일본여자들이 다 그렇지는 않습니다

저런여자가 더 많을뿐

@toriyoung1100 *14

　다른 나라 여성도 훌륭해요. 한국여자만 피하면 인생 절반 이상은 성공한거다.

@whateva525 *8

　한국남자의 책임감과 근면성 + 일본여자의 내조 = 최고의 조합

@ㅇㅇ이-z2t *4

　한국서 여자 지위가 높아진것도 한몫하지 인생 난이도는 남자가 훨 빡세다봄

@ht0145 *2
일본 여성 이미지가 한국 남자들의 이상형 맞지

@김ㅇ수-y1b *4
난 유부남인데, 본인옆에 좋은여자 없다고 한국여자 ㅈ같다고 일반화 시키는건 개 오바아님? 내주변도 한국여자 ㅈ같다고 폄하하는데, 자기객관화가 굉장히 안됨 ㅋㅋㅋㅋㅋ

@user-sj2qh6ez6r *12
실제로 여자는 돈 3000도 안모으고 결혼할려고 하는 여자 많음. 그마저도 대출이고 ㅋㅋ
양심이있으면 집 차 저런거 따지면안되는대 상향혼할려고 몸부림치니까 이상황까지오고

@うずまきボルト-n4t *11
요즘 우리나라 젊은이들이 정신지체같애.
특히 우리나라 여자들은 정신지체 1급~2급이다 ㅋㅋㅋㅋ
즉. 정신차리는게 너무 더디는 젊은이라 정신지체라고한다

@blackjin7895 *1
  국결 대찬성 ㅎㅎ

@cantabile9977 *6
이혼율도 상당하다는 것, 조심 하기

@ㅇ씨-q9x *7
  내 주변에 파혼만 둘 이었음. 다 집이랑 혼수 문제로 결혼 전에 끝남. 살림에 맞게 집 얻으려 했는데 여자들 주변 지인들은 어디 아파트 갔다 어디 어디 산다더라 하다못해 새 아파트는 가야 하지 않냐 이런 소리로 결국 파혼행. 결혼식장 준비도 개빡치는데 집까지 저러니 정내미 떨어질 수밖에. 이혼율도 높음.
  애 가지면 몸 망가질 것 같다고 서른 중반인데 안 나오려하고, 시댁 가자 하면 입이 벌써 대빨 나와있음 ㅋㅋㅋ 뭐 여자들이 다 그렇진않 겠지만 요즘은 대부분임. 이런 ㅈ같은 결혼문화 만든 7080세대들 덕에 정치고 현실이고 다 개판 만듬

@omogarikimchi8181 *4
저 말도 안되는 조건을 다 채워서 한국여자랑 결혼을 한다한들, 그 결혼이 나를 사랑해서 하는건지 도축하려는 목적인지조차도 겪어보기 전에는 알 수가 없으며 겪고 알게 되는 순간 이미 내 재산의 절반이 날라간다는 점.

@순ㅇ이-s7w *1
일본남자들한테도 고맙다.
일본여자한테 잘 못해준 덕에 한국여자에 단련된 한국남자와 너무 잘 맞는다.

@ON-qe5fj *9
더 큰 문제는 아이 핑계로 공부시킨다고 아이 데리고 외국으로 나가버림. 남자는 아이 빌미로 뼈 빠지게 일만 해 돈 보내게 만들고,,, 여자는 그 돈으로 룰루랄라 놀러 다니고,, 남친도 만들고;; -답글 2개

@bless3042 *7

일본 여자 꼬시기 쉬운 건 펙트인데 문제는 다른 남자한테도 쉽다는 거임. 그래서 바람 잘 남.

@VeryDeepBlueSky

일본여자가 이글 보더니 진짜 일본여자들을 안봐서 환상에 젖어서 그런거다라고 했는데.... 그래서 어느정도냐고 물어보니까 아침밥을 식사가 아닌 토스트로 해준다는 이야기를 들었습니다. -답글 1개

@대ㅇ김-m5s

이거 진짜야..내 주의도 10년전부터 지금까지 4 커플이랑 결혼했어..심지어 상견례때 장인장모 첨 봤고 직업도 아무 것도 안 물어봤대

@골ㅇㅇㅇ로로 *10

인정 안 할 수가 없다. 케바케지만 통계는 무시 못함😂 다시 돌아갈수만 있다면😳

@1111-h5f *5
　근데 한국 남자로서 한마디 하자면, 냉정하고 객관적으로 본인의 수준도 잘 고려해야 한다. 한중일 전부 그 국가의 도태남들이 주로 주변국가 여성을 선호한다는데 결국에 도태남은 어딜가도 도태남이란 뜻이다. 물론 본인이 객관적으로 어딜가도 빠지지 않고 자국에서도 여성에게 인기도 좋고 연애, 신랑감으로 충족되는 상황임에도 불구하고 한국 여자의 수준이 본인에게 만족 되지 않아서라면 납득하겠으나..
　전자의 케이스면 망상 자위 질 그만하시고 현생 살면서 운동, 공부, 사회생활, 직장생활, 사생활 어느정도 관리해서 수준 맞는 사람 만나서 가는 게 합리적이고 현실적인 선택이라고 본다. 비현실적인 것으로 망상질해봤다 현실은 달라지는 것 없잖아ㅇㅇ..

@123-k2e3b *6
　걍 입을 다물고 있을 뿐 모두가 알고있음 성별 갈등 걍 여자 때문인 거 대놓고 존나 표독함 -답글 2개

@베ㅇㅇㄴ *1
　여자도 여자지만, 한국 어른들이 정말 큰 문제임. 끊임없는 비교와 독립된 여성으로 딸을 바라보는게 아니라 '우리 공주' 이렇게 생각함. 사위에게도 '우리 공주' 잘 맡기겠다는 생각. 그게 훨씬 더 한국 여자랑 살기 힘들게 한다. 결혼해서 독립된 가정을 만들면 시부모, 친정 모두 손 떼라 제발.

@ㅇㅇ-x8g *14
　심리적 도피처가 아니라 당연지사 같은데

@user-gu4if8zg2p *4
　진짜 사랑을 찾으러 떠난게 아니라 드라마 속에서 일본여자들이 남편한테 잠자코 복종하는 것 같으니 하고싶은 말 다 하고 따지고 이기려 드는 한국 여자들보다 남자한테 복종할 것 같고 길들이기 쉬울 것 같은 일본 여자들을 노리려는 거겠짘ㅋㅋㅋㅋㅋ

@ㅇ우-g2i *8
갈라치기 심각하다..팩트는 멀쩡한 자국남녀들은 서로 잘만 만나고 있음.한국 남,여 까내리면서 외국사람들 치켜세우는 사람들 대부분은 한국의 평범한 사람조차 만나보지 못한 사람이 맞음 -답글 1개

@ㅇ대clown
40퍼보다 더 올라가야한다 60% 찍자 남자들아 화이팅

@jijijiji47530 *7
ㅈㄴ여기에 한국여자들은 밥사주고 커피사주고 운전해줘도 고맙다고 안하는 여자들밖에 없다는 애들은 왜 다 그따구인 애들만 만났냐 ㅋㅋㅋ.. 내주변엔 한명도없는데 다들 어디에서 그런사람들을 만나는건지 -답글 4개

@songhee1233 *9
동영상보니까 일본애들 개잘함

@user-cd9zu8kn4g *9
일본여자 : +
한국여자 : -

@김ㅇ락-e4q
　남자도 배려랑 존중받고싶어요....

@geonu9999-dwh *5
　뭐.. 한국여자들이 다 그런건 아니지만 일반적인 한국여자들은 남자에대한 기대치가 너무 높은건 사실이지.. 그래서 요즘 일본이나 다른 나라 사람들이랑 국제결혼 많이 하고싶어하는거고

@수프리모-s5v *9
　일본도 이혼률 엄청 높다고 들은 것 같은데..
-답글 3개

@JINSUNG-KO *8
　생각해보자 외모가 같다고 생각하고 일본이냐 한국

이냐만 따져보면됨.

@blackperfume6336 *1
　대한민국 미래
한국남자는-일본여자와 행복하게
한국여자는-저기 돈만 많은 두바이 남자와 행복하게 사시길

@sw_kim-l7d *5
　일본 여자들이라고 다 잘하는거 아닙니다. 제발 환상에서 벗어나지 마시고 그대로 국결하셔서 애국자 되시길.

@BJ-sk6zy *6
　나 주식으로 빚 2억 있었는데 일본 와이프가 갚아줬다.

@SSSSSHI-t5h *7
　난 진지하게 국결 생각중

한국 남녀 지위는 동등해진거 같은데 남자에 대한 책임감은 분배되지 않은 느낌이랄까
대표적으로 군대도 그렇고 남자가 집 해오는 문화도 그렇고

　솔직히 애 안 낳은 여성은 일정 나이되면 군대까지 아니더라도 대체복무라도 해야되는거 아닌가? 전쟁 휴전국가인데 인구감소가 이렇게 심하면..

　아니 뭐 어쩌라고ㅋㅋㅋ 결혼하기 싫으면 하지말던가 왜 국결하는 애국자들한테 비난하는 거야? 신경들 쓰지말고 국결 합시다!!
그리고 한국은 뭔가 남녀 결혼 느낌이 아니라 집안과 집안이 결혼하는 느낌이라 힘든점이 더 많은거 같네요 ~~

@yasoo7543 *1
　다 같은 한국여자가 아닙니다.. 그냥 페미나 꽃뱀이죠..

　살인 사건 날때마다 남자가 죽였녀..? 라고 편견 짓는거랑 똑같아요

애넷 낳고 잘살고 있어요..

@ㅇ꽃-v5t *4
　아들 일본 여자와 결혼하는 것 안 말림.
요즘 젊은 여자 표독스럽고 바라는 것 많은데 불평불만 많음. 한국 며느리 들이기 급남.

@ㅇㅇㅇㅇㅇ결혼부부 *6
　음.. 한국녀를 비하하고 싶진 않치만, 저도 나이들어 결혼하려하니. 조건이 상식이상입니다. 시부모 만남금지. 애기낳기 금지. 생활비 따로 주고 여자 돈은 그냥 여자돈. 나중에 차량 따로 제공해 줘야 함. 등등
-답글 1개

@gunglow *5
　한국여자는 중국남자하고 어울리고
한국남자는 일본여자랑 어울림

@haiejdoxbdh *2
　한국여자들은 비교질에 사람숨막히게 하는건 젊으나 늙으나 똑같더라
　명심해라 정말 답없다 한국여자들은

@susnum *7
　꿈깨라. 다 환상이다

@squidward_tentacles92 *13
　결혼못하면;
20대땐 한국여자 찾고
30대땐 일본여자 찾고
40대땐 베트남여자 찾고
50대땐 어디여자 찾나?? -답글 5개

@uiek2660 *4
　사랑이 엄마도, 이지훈 와이프도 다 부자랑 결혼했는데;;;;;;

@korlast4366
   나도 행복을 찾아 떠나고싶다

@k3039-r9p *7
   안타깝다...
일본여자라고 다그런거 아니고
한국여자라고 다그런거 아닌데
나라가 우째 이모양이 되버렸노..... -답글 1개

@박ㅇ호-d4v *5
   모든 여자를 일반화 시키네ㅋㅋ
하긴 정상적이고 이쁜애들 못만나면
그렇게 자기위로 하는게 맘은 편하지
그냥 끼리끼리 만나는거임 -답글 2개

@달ㅇㅇㅇ마-m2z *8
   뭘 일본여자야...
그냥 한국 중국 여자만 아니면 됨. -답글 1개

@changkim7389
열도 침공중인 한국남자들 힘내라 !

@すごいだ *4
이런영상들이 현실모르고 부분별하게 빨아먹지

@albuja80kg *6
👍

@usopera *2
꼭 일본 아니어도 한국. 중국 벗어나서 찾아봐라.
난 몇 년 전 일본 여자와 같이 일(업무)을 몇 달간 했었는데 그 기억을 잊을 수가 없다. 그냥 다른 세상의 여성을 만나는 느낌임. 표현이 안 됨

@user-nb5ne3kc3q *1
작은 도시일 수록 깨어난 사람이 거의 없음. 주변에 예비 퐁퐁이 마인드가진 2030 차고넘침 진짜 안타까움

@davidy5729 *1
　한국여성 본인만의 문제가 아님, 그 집 부모들까지 만족시켜야함. 미친거지, 제 분수도 모르고

@bd204068
　한일부부 10년차입니다.
좋은 현상입니다^^

@바일모-n3k *1
　좋은 여자들이 3%정도는 있으니 잘 찾아보세요.

@ㅇ-e4j *2
　이은해가 한국평균여자라니깐~ㅋ -답글 1개

@ㅇ식-h3q *1
　나는 슈퍼 하는데 한일부부 보니까 좋더라.서로 위해주는게 계산하는 그 짧은순간에도 보이고 포정부터가 한녀 그 특유의 표독없음

@kudo1004
　사랑찾아 인생을 찾아

@gign565　*1
　둘 다 경제적으로 부족하게 시작해서 둘이 돈 모으면서 집 평수도 늘려가고 돈모아서 가전도 사고 알콩달콩 살면서 서로 발전하면서 힘들 때 서로 의지하면서 행복하게 알콩달콩 살아야 하는데 한국여자들은 남자 집 차 직장 다 따져 거기서 외모 성격은 옵션임

@가ㅇㅇ인
　한국여자
갑 여왕임 거울보고 통장보고 생각바람

@성ㅇ양-z9i
　이젠 답을 찾은것이다!

@dolphin5253　*1
　와이프 일본인이에요 … 일본 여자도 신축 30평대

아파트 좋아합니다. -답글 1개

@99snipper *2
   도대체 여자애들한테 부모랑 학교에서 멀 가르치는 거냐~

@ㅇㅇ콩-e3v
   요즘 보니 한국남자랑 일본여자분들이 잘사는 모습들이 종종 보이던데요.
   나쁘지않다고 봐요~

@dlwoaud을국민이거둔다 *1
   조건 없는 사랑을 위해서 떠나는 것이지. 한국 여자들은 돈 많은 미국 남자나 중국 남자들 만나면 됨. 얼마나 좋음 ? ㅎㅎ

@2082Forever
   한국남자들 화이팅

@gigantic999
　수요가 맞으면 그게 행복이지

@쿼ㅇ킴
　진짜 속상하다 나라가 왜 이꼴이냐 서로 사랑했음 좋겠다.

@미ㅇ후 *3
　솔직히 한국 여자 버리셈! 나야 모솔이지만 나 같아도 일본 여자 만나고 싶음

@skekdlTlqtoRlso
　괜히 퐁퐁남이 생긴게 아님

@김ㅇ을-r7c
　이쁘시고 넘 좋은분 부럽ㄷㅏ

@파ㅇㅇ라
　어떤 사람을 만나든 아껴주고 이해할 수 있는 사랑 만들길,

국제결혼은 용기가 많이 필요하겠징.
쉽지는 않을 듯. (중략)
여기까지 하고 정리한다.

정리:

 한 사람이 일본 여자가 바람둥이라고 했고, 한 사람이 바람둥이도 있고 순결한 사람도 있다고 했다. 한 사람은 미국에서 태어난 한국 여자를 만났는데, 미국 시골에서 온 사람같이 순수한 여인이라 일본 여자 같아서 행복하게 잘 살고 있다고 했으며, 한국에서 일본 여자의 교양과 매너와 태도를 가진 한국 여자와 같이 살아서 너무 행복하다고 했다. 그 외에는 모두가 한결같았다.

 모두가 한국 사람이기에 거짓이 아니고 결혼 적령기의 사람들이 기록한 글이어서 현실적이고 진실되다.

 허구에 빠지게 만든 자들이 누구인가? 그것이 문제다. 극작가는 대중의 인기로 먹고산다. 시대상을 반영한 것일 뿐이다. 이 포르노에 중독되면 이혼이 쉽다. 바라기만 하면 뚝딱, 나만을 위해서 모든 가치를 바꿀 수 있는 사람이 나타나게 된다는 망상을 가지고 백마 탄 왕자를 기다리던 여자가 남편이 된 남자에게 무엇을 줄 수 있을까? 사랑스런 모습을 줄 수 있을까? 아내만을 생각하며 헌신하고 양보하고 희생하는 것이 가능할까?

바라기만 하는 정신에 자식을 낳을까? 당신의 자식을 낳아줬으면 돈을 달라는 정신에 그것이 가능할까? 그런 여자의 결혼생활이 행복할까? 그런 정신으로 사는 여자가 사랑을 받을까? 그런 여인에게 희생하고 헌신하고 싶은 남자가 있기는 하다는 말인가? 이것은 허구를 넘어선 망상이고 거짓이다. 포르노일 뿐이다.

그럴 수가 없다. 남자는 포르노에 미혹 당하지 않았기 때문이다. 지금 본 자료가 무엇을 말하는가? 세상 어디에도 그런 가치관이 없고, 그런 나라가 없다. 페미니즘을 이용하는 정치인, 학자들, 정당으로부터 흘러나온 공작 된 개념이 이곳저곳에서 쏟아져 나오기 때문에 그녀들은 미혹 당하고 있다. 이용당하고 있다. 끌려다니고 있다. 행복과 평안이라는 미래를 기대하며 끌려다니지만, 그 결과로 자신도 망하고 나라도 망하는 상태에 빠졌다.

　여자들이 오해에서 벗어났으면 좋겠다. 남자의 본성은 사랑스러운 그녀를 위해서 헌신하고 희생하고 돌보는 것이다. 창조자께서 그렇게 만들어 놓았다. 그런데 그럴 수가 없게 하고 있지 않은가! 무엇보다도 감사도 없고, 존경심도 없고, 지지하려 하지도 않는다. 결국 그렇게 조장한 페미니스트들, 정치인들 그리고 그들에 의해 이용하고 있는 유튜버 등 단체들에 의해 형성된 이념이 대중매체를 통해 드러났을 뿐이다. 포르노다.

　그러니 벗어나는 것은 당신 몫이다. 정치인들에게 '당신이 이념을 바꾸라!' 하면, 고칠 것이라고 믿는가? 페미니스트가 그럴까? 여성학자가 그럴까? 그럴 것이라고 보는가? -세상에는 남성학자라는 것은 없다. 남자가 양보하고 희생하고 물러나라는 주장을 펴는 것이 페미니스트의 주장이라는 것을 모르는 사람은 없을 것이다. 이것이 여성학의 근간이 되어서는 안 된

다.-

　아니라는 것을 알기를 바란다. 여성들이 잘 되어야 나라가 잘 된다. 이승만 건국 대통령이 세계 최초로 여성의 참정권을 주고, 남녀공학으로 초등학교를 만든 이유를 생각하기 바란다. 여자가 깨어나야 나라가 산다. 깨어나라. 안주인이며 안에서 빛나는 해 '안해'다. 그것이 여자를 깨어나게 해야 하는 당위성이다. 미래가 흔들린다. 결혼하라. 그리고 당신의 행복을 위해 자녀를 낳아라. 당신의 미래를 축복한다.

결론:

1. 대댓글과 공감의 바다 – 보이지 않는 수십만의 목소리

이 책에 실린 700-800여 개 남짓의 댓글은 빙산의 일각이다. 직접 확인하라. 같은 내용의 반복이 독자에게 피로감을 줄 수 있기 때문에 3%만 끌어 놓았다. 좋아요 등은 20,000개 정도가 달렸다. 100%라는 수치로 상상해 보라. 얼마나 확실한 객관성인지 깨달으라. 제외된 그 목소리들도 모두 같은 방향을 가리키고 있었다는 점을 알린다. 통계는 주장이 아니다.

이것은 더 이상 소수의 의견이 아니다. 한국 사회 결혼 적령기 세대의 주류 의식이다. 정치인들과 학자들, 언론이 왜곡하고 있을 뿐, 현실은 이미 명확하게 답을 내놓고 있다. 통계청 자료가 말하고 있고, 수십만 명의 시민이 직접 증언하고 있다. 결혼은 출산이고, 출산은 곧 한국의 미래다. 그 미래를 결정하는 것은 정책이 아니라 의식의 변화다. 이 책은 그 변화를 위한 첫걸음이다.

2. 돈이 아닌 정신, 이념을 넘어선 지혜

정부는 출산을 위해 돈을 내놓고 "여성들이시여 돈을 받으시오. 우리는 당신들의 노예가 되겠나이다"라고 하고 있지는 않은가! 결과를 보라!

사회학자 울리히 벡(Ulrich Beck)은 '위험사회론'에서 현대 사회의 위기가 물질적 결핍이 아니라 가치와 의미의 상실에서 온다고 지적했다. 한국의 저출산 문제도 마찬가지다. 한국 여성들의 인식 구조는 이미 인플레이션되어 있다.

한국 여자를 잘 알고 있는 사람들의 이야기다. 생각이 아니다. 남의 말도 아니다. 경험한 이야기를 쓴 것이다. 그래서 객관적이고 그래서 확실한 통계자료다. 여기에 동의하지 않은 남자는 거의 없었다. 이 차이가 이혼율의 차이로, 출산율의 차이로, 결혼 무용론과 국제결혼으로 기우는 것은 불 보듯 뻔한 일이다.

3. 선진국의 교훈 - 미국, 영국, 독일이 말하는 것

미국의 합계출산율은 1.7명, 영국은 1.6명, 독일은 1.5명 수준이다. 한국의 0.7명 대와 비교하면 2배 이상 높은 수치다. 이들 국가도 한때 저출산 문제로 고민했다. 특히 독일은 1990년대 1.2명대까지 떨어졌다가 회복했다. 어떻게 가능했을까?

하버드대학교 사회학과 교수 메리 앤 글렌던(Mary Ann Glendon)은 서구 국가들의 가족정책 연구에서 중요한 발견을 했다. 성공적인 출산율 회복 사례들은 단순히 경제적 지원을 늘린 것이 아니라, 가족과 결혼의 가치를 사회적으로 재정립했다는 것이다. 그들은 페미니즘의 허구를 직시했다. 여성의 권리와 가정의 가치가 대립하는 것이 아니라 조화를 이룰 수 있다는 것을 보여줬다. 직장 내 경력 단절 방지, 실질적인 양육 지원 등의 정책도 중요했지만, 더 중요한 것은 사회 전체의 인식 변화였다.

독일 사회학자 엘리자베트 벡-게른샤임(Elisabeth Beck-Gernsheim)이 지적했듯이, 문제는 정책이 아니라 '개인화된 생애 구조'에서 가족의 의미를 재발견하는 것이다. 한국은 이 단계로 나아가지 못하고 있다. 돈만 주면 해결될 것이라는 환상에서 벗어나야 한다. 더 받으려는 사람을 양산할 뿐이다.

4. 창조의 질서와 아름다운 한국 여인의 위상

한국 여성은 세계적으로 아름답고 지혜롭다는 평가를 받아왔다. 교육 수준도 높고, 능력도 뛰어나다. 그런데 왜 결혼 시장에서 이런 평가를 받는가? 이것은 한국 여성 개개인의 문제가 아니다. 사회 구조와 이념의 문제다. 페미니즘이라는 이념이 여성의 본래적 아름다움과 지혜를 왜곡시켰다. 가정에서의 역할을 비하하고, 남성과의 관계를 권력투쟁으로 만들었다. 그 결과 여성들은 "나를 행복하게 해"라는 태도를 갖게 되었고, 결과적으로 남성들은 결혼을 포기하게 되었다.

인류학자 마거릿 미드(Margaret Mead)는 "모든 사회가 남성과 여성의 역할을 다르게 규정하지만, 성공적인 사회는 이 차이를 대립이 아닌 조화로 만든다"라고 했다. 창조의 질서는 남녀를 다르게 만들었다. 이것은 불평등이 아니라 상보성(相補性:complementarity)이다. 서로 다르기에 서로를 완성한다. -필자는 결혼은 서로를 치료하는 연합이며 보

완하는 질서라고 늘 말해왔다. 오프라인에서 나눌 것이다.-

여성의 사명이 있고, 남성의 사명이 있다. 이것은 창조의 질서다. 그렇게 이끌리고 있다. 해바라기가 태양을 사모하는 것과 같다. 한국 여성이 본래의 아름다운 위상을 회복하려면, 이념과 사상에서 벗어나야 한다. 페미니즘이 가르치는 대립이 아니라, 창조의 질서가 가르치는 조화를 선택해야 한다. 그때 한국 여성은 다시 세계에서 가장 아름답고 지혜로운 여성으로 인정받을 것이다.

5. 통계와 싸우지 말라 - 현실을 직시할 때 미래가 열린다

이 책에서 여러 번 반복된 견해가 있다. "통계와 싸우지 말라." "한국 남자와 일본 여자의 이혼율 12%, 한국 남자와 한국 여자 40%, 한국 여자와 일본 남자 68%, 한국 여자와 미국 남자 70%. 한국 여자와 영국 남자 80%, 한국 여자와 호주 남자는 98%다." "한국 여성이 누구와 결혼하든, 이혼율이 높다는 것은, 문제가 상대방이 아니라 한국 여성의 인식 구조에 있다는 것을 보여 준다." 등이다.

그들은 이 자료를 근거로 외국 여성과의 결혼을 추천하고 있었다. 한국 여성이 문제라는 것을 강조하기 위한 것이며, 일본 여성이 절대가치라고 말하는 것은 아니다. 그러나 **수십만의 사람 중 한국 여성과의 결혼을 추천한 사람은 한 사람도 없었다.** 정말 난감했다. 이런 통계가 있을 수 있단 말인가? 정말 민망했다. 이 숫자들은 냉혹하다. 그리고 명확하다. 이것은 통계이고 현상이며 지금 벌어지고 있는 현실이다. 이것을

'모르고 싶어서는' 안 된다. 객관성이 사라진다. 정치권이 늘 해 왔던 데로 끌려 다지지 말라. 이 자료를 근거로 대안을 찾아야 한다. 그것 말고 다른 방법을 찾는 것은 어리석고 거짓된 선동에 말리고 말 것이다.

'인지부조화 이론' 주창자인 사회심리학자 레온 페스팅거(Leon Festinger)는 사람들이 불편한 진실을 부정하려는 경향이 있다고 설명했다. 하지만 진실을 부정한다고 해서 문제가 해결되지는 않는다. 오히려 더 악화될 뿐이다. 누구라도 여성에게는 사회적으로도 많은 베네핏(benefit)을 준다. 그렇지 않은 나라는 공산국가뿐이다. 직장을 얻거나 시험을 보는데도 크게 작용한다. 남자가 이 관문을 뚫는 데는 대단한 노력이 필요하다. 이미 20% 가까운 인이셔티브를 가지고 시험에 응하고 있다. –자료가 많으니 참고 바란다.– 그래도 여자들은 공평하지 않다고 한다. 참으로 놀랍다. 이것을 경험한 남자들이다. 어떤 생각이 들까? 다 보고 있다. 다 생각하고 있다. 그럼에도 여성 커뮤니티와 페미니스트들은 남성들이 "여성혐오" 한다고 몰아간다. 여성을 혐오하는 남자가 있을까? 그런 남자는 없다.

　남성을 혐오하고 모욕하는 그 여성을 혐오하는 것은 당연하고, 마땅하다. 그래야만 제정신이다. 그리고 그런 사람을 구분해서 반드시 그래야 한다. 그래야 기준이 생긴다. 가치가 왜곡될 것이기 때문이다. 당연한 것 아닌가! 남자는 여성에게 희생하고 보호하려는 본성이 있다. 다들 알듯이 이것이 '보호본능'이다. 여자들이 알지 모르겠지만, 남자들은 그러고 싶다. 사랑스런 여인에게 희생하고 보호하고 싶다. 이걸 모르는 여자도 있다. 참 안타깝다.
-이걸 못 살리나? 이걸 못한단 말인가? 정말 믿기지 않는다.-
　이 책에 실린 댓글과 공감은 부드럽게, 그러나 분명하게 말한다. "더 이상은 안 된다"라고. "통계와 싸우지 말고 현실을 인정하자"라고. 그리고 "진짜 해결책을 찾자"라고. 절규다. 그 내용에는 가정을 꾸리고 싶다. 가정을 지키고 싶다. 사랑하고 싶다. 그러나 어떻게 할 수 있다는 말인가? 라는 절규가 녹아있다.

이 자료는 한국 여성을 비난하기 위한 것이 아니다. 그런 남성은 없다고 본다. 한국 여성이 본래의 아름다움과 지혜를 회복하고, 한국 남성과 함께 행복한 가정을 이루며, 한국의 미래를 만들어 가기를 바라는 마음이 드러나 있을 뿐이다. 그것이 이 책을 편집한 진정한 목적이다. 대안은 나와 있다. 너무도 명백하다. 한국의 미래는 이 자료를 전제로 대안을 마련하느냐 마느냐의 선택에 달려있다.

왜 한국은 사라지는가?
결혼 적령기 세대 50만의 통계적 증언록

초판 발행	2025년 11월 20일
글	서 창 수
펴낸 곳	맑은 숲 고요 책방
발 행 인	서요셉
도서기획	서요셉, 소피아 최
편집	서요셉, 안정방
인쇄	트윈빌 미디어
등록	2025-000042호
주소	서울시 양천구 남부순환로 323 혜성오피스텔 502호
이메일	gem0101@naver.com
ISBN	979-11-994421-2-2

파본은 서점에서 교환해 드립니다.
이 책은 저작권법에 의하여 보호받는 저작물이므로 무단 전재와 복제를 금합니다.

이 책의 내용의 전부 또는 일부를 이용하려면 반드시 저작권자와 출판사의 동의를 받아야 합니다.

저희는 책에 관한 아이디어나 조언 그리고 원고 투고를 언제나 기다리고 있습니다.

출판의뢰는 gem0101@naver.com으로 문의 하시고, 출간의 꿈을 이루시기 바랍니다.

작가가 되기 원하시는 분을 훈련시켜 드립니다.